俄 罗 斯 法 译 丛

主编 黄道秀　执行主编 王志华

俄罗斯联邦刑法典

УГОЛОВНЫЙ КОДЕКС
РОССИЙСКОЙ
ФЕДЕРАЦИИ

黄道秀 /译

北京大学出版社
PEKING UNIVERSIYT PRESS

图书在版编目(CIP)数据

俄罗斯联邦刑法典/黄道秀译. —北京:北京大学出版社,2008.3
（俄罗斯法译丛）
ISBN 978－7－301－13527－3

Ⅰ. 俄… Ⅱ. 黄… Ⅲ. 刑法－法典－俄罗斯 Ⅳ. D951.24

中国版本图书馆 CIP 数据核字(2008)第 038693 号

书　　　　名：	俄罗斯联邦刑法典
著作责任者：	黄道秀　译
责 任 编 辑：	孙战营
标 准 书 号：	ISBN 978－7－301－13527－3/D·2011
出 版 发 行：	北京大学出版社
地　　　　址：	北京市海淀区成府路 205 号　100871
网　　　　址：	http://www.pup.cn
电　　　　话：	邮购部 62752015　发行部 62750672　编辑部 62752027
	出版部 62754962
电 子 信 箱：	law@pup.pku.edu.cn
印 　刷 　者：	北京宏伟双华印刷有限公司
经 　销 　者：	新华书店
	730 毫米×980 毫米　16 开本　12 印张　219 千字
	2008 年 3 月第 1 版　2008 年 3 月第 1 次印刷
定　　　　价：	24.00 元

未经许可,不得以任何方式复制或抄袭本书之部分或全部内容。
版权所有,侵权必究
举报电话:010－62752024　电子信箱:fd@pup.pku.edu.cn

总　序

得知要出版《俄罗斯法译丛》时，心情是很高兴的，对于我们这一代人来说，尤其是对我来说，俄罗斯的法律是一种难以挥去的感情。半个世纪对于历史来说，只不过是短短的一瞬，但对于一个人来说，五十年几乎是人所能工作时间的全部。去年，为了纪念从莫斯科大学毕业五十年，我还特意自费去俄罗斯旧地重游，在旧地重游中力图将过去的影像再翻新重拍，重温青春年代在异乡的火热生活。

五十年前中国的法律一片空白，当时的社会科学，当然更包括法律学，都是"言必称苏联"；五十年后中国的法律一片生机，早已无人谈苏联或俄罗斯了，却大有"言必称美、德"之势。"言必称苏、俄"也好，"言必称美、德"也好，都是一种片面性。《俄罗斯法译丛》的出版也算是对这种片面性的一种纠正吧！

苏联解体了，但俄罗斯的法律并没有解体，它仍然强有力地支撑着俄罗斯的国家、社会、经济的运作。即使是在苏联存在时，它的法律制度也始终受到重视，它没有受到"法律虚无主义"和"砸烂公检法"那样的冲击。法学教育更没有间断，法学著作络绎不绝，不时仍有学法律专业的人担任国家领导人，如今天的普京总统。法律是正常社会中不可或缺的制度和理念，我们需要从一个大国如何用法律维系它的制度生存学习到有益的东西。

苏联解体了，苏联的法律死亡了，但作为其继承主体的俄罗斯法律却重生了。死亡了的是过分僵化的意识形态上的东西，新生的是尊重人权及发扬民主的普世化的东西。俄罗斯的法律既有它继受神圣罗马帝国的历史传统一面，又有它接受国际共同生活准则的现代化一面。我们需要从一个大国的法律制度如何摒弃僵死的内核吸收现代理念中学习到有益的东西。

苏联解体了,俄罗斯经历了一个社会转轨的"痛苦"历程,人们为之付出巨大的代价。社会转轨使得原社会主义国家都面临这一问题,有的采取"休克疗法",有的采取"摸着石头过河"办法。社会经济生活转轨时必须借助法律调整的手段,大家都在实践生活中感受到法律制度和法治理念在社会经济制度改革和转轨中的巨大作用。我们更需要从原来与我们制度相同的国家如何运用法律实现改革和转轨中学到有益的东西。

苏联解体了,中国与苏联的恩恩怨怨也都随之进入历史了,中苏"蜜月时期"也好,中苏"论战时期"、"敌对时期"也好,都化成烟灰远去了。现在的俄罗斯依然是作为中国最大的邻国存在,中国和俄罗斯两大邻国的客观存在永远也改变不了。两国现在保持着最正常国家间最友好的关系。两国间的经济、文化交往有着很广阔前景,两国经济互补性很强。我们只有更深入了解我们最大的邻居的法律制度,才能更好地迎接和最大邻居(将来可能会是最富的邻居)更好、更多交往的时代。

中国政法大学俄罗斯法律研究中心有着雄厚的俄罗斯法研究力量,20世纪50年代末至60年代中我曾在外语教研室工作过,和黄道秀教授共事多年。她在苏联、俄罗斯刑法、民法、行政法、诉讼法多个领域均有译著和论文,是苏联和俄罗斯法律的权威,由她领衔这部译丛,肯定是有质量保证的。预祝《俄罗斯法译丛》成功问世,是为序!

江 平
2007年10月22日

中文版序言

A. И. 科罗别耶夫[*]

现在向中国读者求正的是《俄罗斯联邦刑法典》的最新版本(截至 2007 年 9 月 1 日)。《俄罗斯联邦刑法典》是 1996 年 5 月 24 日通过、1997 年 1 月 1 日生效的。

1996 年通过的刑法典相当成功地实现了"俄罗斯刑事立法改革构想"的原则性方针：消除了刑事法律中由于法律调整对象的变化和新犯罪形式和种类的出现而产生的疏漏，从刑法典中还剔除了一些没有根据的规范，在立法的非意识形态化、承认全人类价值优先于阶级价值等方面迈出了果敢的步骤，排除了刑法典内部的许多矛盾以及刑事立法与《俄罗斯联邦宪法》、国内立法与俄罗斯联邦的国际主义义务之间的抵触。

《俄罗斯联邦刑法典》的基本思想(也可以视为同犯罪作斗争的首要战略方针)是刑事镇压的人道主义化。这一趋势(作为对立面)取代了苏维埃时代末期至后苏维埃时代初期俄罗斯刑事政策中全面强化惩办因素的思想。

在后苏维埃时期，由于一系列原因(社会经济形态的更迭、向市场经济的过渡、一般民主自由的价值观被社会所接受、法律的非意识形态化、犯罪的全球化和与犯罪作斗争方法的国际化、应对犯罪行为的国际合作的加强，等等)，俄罗斯采取了刑事政策人道主义化的方针。它反映了一个世界性的趋势——寻求有效和恰当的应对犯罪的手段。当代俄罗斯刑事政策在其人道主义化的总框架内仍然可以看到逐步从加剧惩办原则向平反和复权原则的过渡。

1996 年《俄罗斯联邦刑法典》在通过之时，它的分则里出现了 63 条 1960 年

---

* 科罗别耶夫(Коробеев Александр Иванович)，俄罗斯国立远东大学刑法教研室主任，法学博士，教授，俄罗斯联邦功勋科学家。

《苏俄刑法典》所没有的犯罪构成,同时删除了《苏俄刑法典》中的78个犯罪构成。在通过《俄罗斯联邦刑法典》之前的时期,立法者就已经从《苏俄刑法典》里删除了26个犯罪构成。

一百年来,俄罗斯历史上通过了5部刑法典,在通过新刑法典时被定为犯罪的行为数第一次少于被排除犯罪性质的行为数。

但是,所取得的成果并没有持续多久。在1996年《俄罗斯联邦刑法典》施行不到十年的时间里,有50个联邦法律对它进行了修订,总则中被修订的有45条(占全部规范的43%),而分则被修订的则有236条(占85%)。删除(失效)的有7条,而增补的有24条。《俄罗斯联邦刑法典》分则的某些条款不止一次被修订,例如,第205条(恐怖主义行动)被修订达4次之多。

分析上述修订,就可以得出如下的规律:被定为犯罪的行为数明显高于被排除有罪性质的行为数。例如,在1996年刑法典施行的十年间,规定和扩大了下列行为的可罚性:贩卖人口(第127-1条)、利用奴隶劳动(127-2条)、破坏候选人竞选委员会、选举联合会、选举集团、全民公决倡议小组、其他全民公决参加人团体的财政拨款程序(第141-1条)、伪造选举结果(第142-1条)、不支付工资、养老金、奖学金、补助金和其他款项(第145-1条)、生产、购买、保管、运送或销售无标识商品或产品(第171-1条)、使本人通过犯罪取得的资金或其他财产合法化(洗钱)(第174-1条)、恶意逃避向投资人或监督机关提供俄罗斯联邦立法规定的关于有价证券的信息(第185-1条)、不履行税收代扣代交人的职责(第199-1条)、帮助实施恐怖主义活动(第205-1条)、终止或限制提供电能或者切断其他生活保障源(第215-1条)、破坏生活保障设施(第215-2条)、破坏输油管道、石油产品输送管道和天然气管道(第215-3条)、非法生产、销售或寄送麻醉品、精神药物或其同类物品(第228-1条)、违反麻醉品或精神药物流通规则(第228-2条)、制作或流通含有未成年人淫秽图像的材料或物品(第242-1条)、组建极端主义团体(第282-1条)、组织极端主义团体的活动(第282-2条)、不按专项开支预算资金(第285-1条)、不按专项开支国家非预算基金(第285-2条)、组织非法移民(第322-1条)、伪造消费税签、专用标签或防伪标志以及销售或使用伪造的消费税签、专用标签或防伪标志(第327-1条)。

同时,以下行为被排除其有罪性质:明显虚假的广告(第182条)、欺诈消费者(第200条)、某些流氓行为(第213条)、某些以麻醉品、精神药物或其同类物品为对象的犯罪(第228条、第228-1条)、逃离交通事故现场(第265条)、中等严重损害他人健康的行为(除第124条外的所有条款)。

有一个事实引起人们的注意,那就是被排除有罪性质的基本上都是现实生活中经常可以遇到的行为(涉及上述行为的规范数量并不多),因而在这个部分实际上所适用的惩办数量有所降低(例如,已经登记的流氓行为罪从2002年的133187件下降到2006年的28645件)。同时不能不考虑到的是,上述趋势遇到一系列障碍:犯罪和其他不良社会现象的恶劣状况、结构与动态变化,所以刑法朝着这个方向的演变就并不如人们所希望的那样迅速了。如果从整体上对局势进行一个评价,那么就必须承认,《俄罗斯联邦刑法典》分则规范所反映的刑事惩办在最近十年间却是在不断扩大的。

至于排除行为有罪性质这一趋势方面的"停滞不前",以及一些已经(并且显然)没有根据再定为犯罪的现象在刑事立法中却"刀枪不入",看来是有一系列原因的。原因之一是社会意识由于其传统性和保守性而落后于实际生活。问题在于,行为的可罚性这一事实本身在社会舆论看来就是反对排除其有罪性质的相当有力的论据,所以废止行为可罚性就需要比将行为定为犯罪有更多的论据。

然而,将社会危害性不高的各种形式的偏差行为定为犯罪就会产生马克思曾经指出过的情势:人民看到惩罚,但是看不到罪行,正因为他在没有罪行的地方看到有惩罚,所以就在有惩罚的地方也就看不到罪行了。① 在类似这种情况下,对刑事法律的一般预防作用的计算通常是站不住脚的。

应该客观地指出,审判实践早就找到了对这些条款的"解药",以不适用这些规范的办法弥补没有排除行为有罪性质的缺陷。根据我们的计算,在最近8年间,刑法典分则中有15条在俄罗斯的审判实践中一次也没有适用过,还有31条被适用来判刑的每年不超过一个人。实践中没有被适用的规范在书刊上得到了一个"死亡规范"的名称。

我们认为,从整体上看,1996年刑法典的缺点是在规定行为有罪方面存在非常明显的过度。从理念上,这是因为新刑法典的起草人接受了制定一部不是"小而严",而是"大而宽"的刑法典的思想。但是,现行刑法典的缺失在更大程度上是由于在起草和通过的过程中完全忽略了规定行为有罪和规定行为无罪的理论。可以有相当把握地断言,除了属于所谓"核心犯罪(杀人、偷窃、抢夺、抢劫、强奸等等)的行为之外,许多新规定之写入刑法典而对制约刑法禁止性的可行性、可能性和合理性的诸因素总和未加以任何考虑。这部分的立法过程具有几乎完全思辩的性质。以那些在刑法典第22章"经济领域的犯罪"、"安家落户"的规范为例最为明显。

---

① 《马克思恩格斯全集》(第1卷),人民出版社1956年版,第139页。——译者注

这样一来，我们遇到的局面是：如果不根本打破（和清洗）刑法典分则，就不能改变状况。显然，剩下的事情就是在某个时间内通过审判实践积累适用（与不适用）相应规范的经验，以便在将来，在对当前刑事立法进行改革的过程中考虑它起草时所犯的错误并严格按照行为定罪与刑罚理论的要求去构建一部最新的刑法典。在这种情况下，我们认为，有理由再回到"小而严"刑法典的思想上，将一部分现在应受刑事处罚的行为归入民事侵权行为、纪律违法行为、行政违法行为或"刑事轻罪"的范畴。

立法者部分地已经在沿着这条道路前进了。例如，2003年12月8日关于修订和增补《俄罗斯联邦刑法典》和某他一系列法律的联邦法律作出了如下规定：明显虚假广告（第182条）、欺诈消费者（第200条）、逃离交通事故现场（第265条）不再是犯罪，放弃了造成中等严重程度健康损害的刑事可罚性，以及其他一些新的规定，它们所证明的与其说是当代俄罗斯刑事政策的人道主义化，不如说是它的自由化。

然而，上述法律含有很多严重的缺陷。俄罗斯法学家们正确地指出，刑事立法改革违反了系统性原则，发生了不少偏离形式逻辑规律以及违背了刑事法律完整性和不得相互抵触的要求，刑法典中包括了许多不合理的或者说不够确定的决策。

以没收财产这一刑种上的立法变态为例最为明显。2003年从《俄罗斯联邦刑法典》中删除了这一制度，2006年立法者又重新将没收财产写回法典中，但是同时"降低"了它的地位，从刑种移到了"其他刑法性质的措施"，从而也就改变了这一制度的法律属性。

在最后的法律版本中（与在国家杜马三读时相比），立法者从可能被判处没收财产的犯罪中剔除了不仅几乎全部传统的贪利犯罪（第158条、第159条、第160条、第163条），而且也剔除了某些暴力贪利犯罪（第161条、第162条）。立法者的这种做法，说得缓和一点，十分令人不解。按照立法者的逻辑，可以并且需要对违反发明权法和专利法的人（第147条）或者引诱他人卖淫的人（第240条）判处没收财产，但是在任何情况下绝对不能对那些职业从事抢夺和抢劫的人适用。可以看出，这个逻辑是多么荒谬。

这样一来，现在的没收财产与相同名称的刑种和刑事诉讼措施（通常称为专门"没收"）成了一个共生体。

还有一个事实值得注意：刑事法律（与对医疗性强制措施不同）未规定适用没收财产的根据和程序。现在尚未得到解决的决不是一个修辞性的问题：在犯罪人实施了《俄罗斯联邦刑法典》第104-1条第1项所列举的犯罪时，判处这一措施是法院的权利还是法院的义务呢?

可以断言,俄罗斯改革时期刑法方面的立法过程始终伴随着一系列的失算和缺点,学者们曾不止一次地指出了这些问题:刑事立法的制定和执法机关的改革缺乏统一的理念;放弃了事先通过刑事立法纲要的可能性;歪曲了改革的优先方向;改革的片面性,过于强调人道主义化思想而否定了刑事法律的一般预防意义;某些刑事禁止性规定缺少犯罪学根据而仅定位于新的犯罪现实和社会现实;立法技术花费极大。所有这一切正说明不能认为1996年《俄罗斯联邦刑法典》是什么"立法完善的顶峰"。

这部规范性文件具有毫无争议的迫切性,而它的一系列规定却又不无争议,然而,毋庸置疑的是,它仍然是我国刑事法律思想和刑事政策思想的重大成就。新的《俄罗斯联邦刑法典》在整体上仍然符合当今时代的精神,相当充分而且几乎完全准确地反映了借助于刑法调整最重要的和最有价值的社会关系的需要以及对禁止相对(或绝对)新的犯罪行为的需要。总之,新的《俄罗斯联邦刑法典》并不是拿破仑法典:它虽然已经越过了20世纪,但未必能存在一百年。我们认为,《俄罗斯联邦刑法典》的制定也本无此奢望。

这部法典的宗旨还在于另一方面。它的使命是要在俄罗斯国家发展的改革时期,在同传统犯罪形式和新的犯罪形式作斗争方面起到立法基础的作用。完全有理由相信,它是能够胜任这一任务的。

目录

总则

第一编 刑事法律
第一章 俄罗斯联邦刑法典的任务和原则／1
第二章 刑事法律的时间效力和空间效力／3

第二编 犯罪
第三章 犯罪的概念和犯罪的种类／5
第四章 应该承担刑事责任的人／7
第五章 罪过／9
第六章 未完成的犯罪／11
第七章 共同犯罪／13
第八章 排除行为有罪性质的情节／15

第三编 刑罚
第九章 刑罚的概念和目的 刑罚的种类／17
第十章 处刑／23

第四编 免除刑事责任与免除刑罚
第十一章 免除刑事责任／30
第十二章 免除刑罚／32
第十三章 大赦、特赦、前科／36

第五编 未成年人的刑事责任
第十四章 未成年人刑事责任与刑罚的特点 / 38

第六编 其他刑法性质的措施
第十五章 医疗性强制措施 / 43
第十五-1章 没收财产 / 46

分　则

第七编 侵害人身的犯罪
第十六章 侵害生命和健康的犯罪 / 48
第十七章 侵害自由、名誉和人格的犯罪 / 57
第十八章 侵害性不受侵犯权和个人性自由的犯罪 / 61
第十九章 侵害人和公民的宪法权利和自由的犯罪 / 63
第二十章 侵害家庭和未成年人的犯罪 / 72

第八编 经济领域的犯罪
第二十一章 侵犯所有权的犯罪 / 75
第二十二章 经济活动领域的犯罪 / 83
第二十三章 商业组织和其他组织中侵犯服务利益的犯罪 / 101

第九编 危害公共安全和社会秩序的犯罪
第二十四章 危害公共安全的犯罪 / 104
第二十五章 危害居民健康和公共道德的犯罪 / 118
第二十六章 生态犯罪 / 128
第二十七章 危害交通安全和交通运输运营安全的犯罪 / 136
第二十八章 计算机信息领域的犯罪 / 140

第十编 反对国家政权的犯罪
第二十九章 侵害宪法制度基本原则和国家安全的犯罪 / 142
第三十章 侵害国家政权、侵害国家公务利益和地方自治机关公务利益的犯罪 / 147
第三十一章 妨碍司法公正的犯罪 / 153
第三十二章 妨碍管理秩序的犯罪 / 161

第十一编　军职罪
第三十三章　军职罪 / 167

第十二编　**破坏人类和平和安全的犯罪**
第三十四章　破坏人类和平和安全的犯罪 / 174

俄罗斯联邦刑法典

国家杜马 1996 年 5 月 24 日通过
联邦委员会 1996 年 6 月 5 日批准
1998 年 5 月 27 日第 77 号联邦法律修订
1998 年 6 月 25 日第 92 号联邦法律修订
1999 年 2 月 9 日第 24 号联邦法律修订
1999 年 2 月 9 日第 26 号联邦法律修订
1999 年 3 月 15 日第 48 号联邦法律修订
1999 年 3 月 18 日第 50 号联邦法律修订
1999 年 7 月 9 日第 156 号联邦法律修订
1999 年 7 月 9 日第 157 号联邦法律修订
1999 年 7 月 9 日第 158 号联邦法律修订
2001 年 3 月 9 日第 25 号联邦法律修订
2001 年 3 月 20 日第 26 号联邦法律修订
2001 年 6 月 19 日第 83 号联邦法律修订
2001 年 6 月 19 日第 84 号联邦法律修订
2001 年 8 月 7 日第 121 号联邦法律修订
2001 年 11 月 17 日第 144 号联邦法律修订
2001 年 11 月 17 日第 145 号联邦法律修订
2001 年 12 月 29 日第 192 号联邦法律修订
2002 年 3 月 4 日第 23 号联邦法律修订
2002 年 3 月 14 第 29 号联邦法律修订
2002 年 5 月 7 日第 48 号联邦法律修订
2002 年 5 月 7 日第 50 号联邦法律修订
2002 年 6 月 25 日第 72 号联邦法律修订

2002 年 7 月 24 日第 103 号联邦法律修订
2002 年 7 月 25 日第 112 号联邦法律修订
2002 年 10 月 31 日第 133 号联邦法律修订
2003 年 3 月 11 日第 30 号联邦法律修订
2003 年 4 月 8 日第 45 号联邦法律修订
2003 年 7 月 4 日第 94 号联邦法律修订
2003 年 7 月 4 日第 98 号联邦法律修订
2003 年 7 月 7 日第 111 号联邦法律修订
2003 年 12 月 8 日第 162 号联邦法律修订
2003 年 12 月 8 日第 169 号联邦法律修订
2004 年 3 月 11 日第 12 号联邦法律修订
2004 年 7 月 21 日第 73 号联邦法律修订
2004 年 7 月 21 日第 74 号联邦法律修订
2004 年 7 月 26 日第 78 号联邦法律修订
2004 年 12 月 28 日第 175 号联邦法律修订
2004 年 12 月 28 日第 177 号联邦法律修订
2004 年 12 月 28 日第 187 号联邦法律修订
2005 年 7 月 21 日第 93 号联邦法律修订
2005 年 12 月 19 日第 161 号联邦法律修订
2006 年 1 月 5 日第 11 号联邦法律修订
2006 年 7 月 27 日第 153 号联邦法律修订
2006 年 12 月 4 日第 201 号联邦法律修订
2006 年 12 月 30 日第 283 号联邦法律修订
2007 年 4 月 9 日第 42 号联邦法律修订
2007 年 4 月 9 日第 46 号联邦法律修订
2007 年 5 月 10 日第 70 号联邦法律修订
2007 年 7 月 24 日第 203 号联邦法律修订
2007 年 7 月 24 日第 211 号联邦法律修订
2007 年 7 月 24 日第 214 号联邦法律修订
2004 年 12 月 24 日第 177 号联邦法律规定正式施行强制性社会公益劳动这一刑种

总则·第一编 刑事法律

第一章 俄罗斯联邦刑法典的任务和原则

第1条 俄罗斯联邦的刑事立法

1. 俄罗斯联邦的刑事立法由本法典构成。规定刑事责任的新法律,应列入本法典。

2. 本法典所依据的是《俄罗斯联邦宪法》和公认的国际法原则和准则。

第2条 俄罗斯联邦刑法典的任务

1. 本法典的任务是:保护人和公民的权利和自由,保护所有权,维护社会秩序和公共安全,保护环境,捍卫俄罗斯的宪法制度,以防犯罪行为的侵害,保障人类和平和安全,以及预防犯罪。

2. 为了实现这些任务,本法典规定刑事责任的根据和原则,规定哪些危害个人、社会或国家的行为是犯罪,并规定处罚犯罪的刑罚种类和其他刑法性质的措施。

第3条 法制原则

1. 行为是否构成犯罪,以及是否应受刑罚以及发生其他刑法后果,只能由本法典规定。

2. 不允许类推适用刑事法律。

第4条 公民在法律面前一律平等的原则

实施犯罪的人,不分性别、民族、语言、出身、财产状况和职务地位、居住地、对宗教的态度、信仰和社会团体属性以及其他情况,在法律面前一律平等,均应承担刑事责任。

第5条 罪过原则

1. 只有实施危害社会的行为(不作为),并确定因其罪过而发生危害社会后果的人,才应承担刑事责任。

2. 不允许客观归罪,即不允许对无罪过造成损害追究刑事责任。

第6条 公正原则

1. 对实施犯罪的人适用的刑罚和其他刑法性质的措施,应该是公正的,即与犯罪社会危害性的性质和程度、实施犯罪的情节以及犯罪人的个人身份相当。

2. 任何人不得因为同一犯罪两次承担刑事责任。

第7条 人道原则

1. 俄罗斯联邦的刑事立法保障人的安全。

2. 对实施犯罪的人适用的刑罚和其他刑法性质的措施不得以造成其身体痛苦或侮辱其人格为目的。

第8条 刑事责任的根据

刑事责任的根据是实施含有本法典所规定的全部犯罪构成要件的行为。

总则·第一编 刑事法律

第二章 刑事法律的时间效力和空间效力

第 9 条 刑事法律的时间效力

1．行为是否构成犯罪和是否应受刑罚，由实施该行为时施行的刑事法律决定。

2．实施犯罪的时间是实施危害社会行为（不作为）的时间，而与发生后果的时间无关。

第 10 条 刑事法律的溯及力

1．规定行为不构成犯罪，减轻刑罚或以其他方式改善犯罪人状况的刑事法律，有溯及既往的能力，即适用于在该法律生效之前实施相应行为的人，其中包括正在服刑或已经服刑完毕但有前科的人。规定行为构成犯罪，加重刑罚或以其他方式恶化犯罪人状况的刑事法律，没有溯及既往的能力。

2．如果犯罪人因犯罪行为正在服刑，而新的刑事法律对该行为规定了较轻的刑罚，则应在新刑事法律规定的限度内减轻刑罚。

第 11 条 刑事法律对在俄罗斯联邦境内实施犯罪的人的效力

1．在俄罗斯联邦境内实施犯罪的人，应依照本法典承担刑事责任。

2．在俄罗斯联邦领水或领空内实施的犯罪，是在俄罗斯联邦境内实施的犯罪。本法典的效力亦及于在俄罗斯联邦的大陆架和专属经济区内实施的犯罪。

（本款由 2007 年 4 月 9 日第 46 号联邦法律修订）

3．当在俄罗斯联邦港口注册的船舶、航空器处在公海或俄罗斯联邦境外的空中时，在该船舶或航空器上实施犯罪的人，应该依照本法典承担刑事责任，但俄罗斯联邦签署的国际条约有不同规定的除外。在俄罗斯联邦的军舰或军用航空器上实施犯罪的人，不论军舰或军用航空器处在何处，均应依照本法典承担刑事责任。

4. 关于外国的外交代表和享有豁免权的公民在俄罗斯联邦境内实施犯罪时的刑事责任问题,依照国际法准则解决。

第 12 条 刑事法律对在俄罗斯联邦境外实施犯罪的人的效力

1. 俄罗斯联邦公民和常住俄罗斯联邦的无国籍人在俄罗斯联邦境外实施犯罪侵害本法典所保护的利益的,如果外国法院未对该人该罪作出判决,则应该依照本法典承担刑事责任。

(本款由 2006 年 7 月 26 日第 153 号联邦法律修订)

2. 驻扎在俄罗斯联邦境外的俄罗斯联邦军人,在俄罗斯联邦境外实施犯罪的,应该依照本法典承担刑事责任,但俄罗斯联邦签署的国际条约有不同规定的除外。

3. 不在俄罗斯联邦境内常住的外国公民和无国籍人在俄罗斯联邦境外实施犯罪的,如果犯罪侵害的是俄罗斯联邦、俄罗斯联邦公民或常住俄罗斯联邦无国籍人的利益,以及在俄罗斯联邦签署的国际条约规定的情况下,犯罪人在国外未被判刑和正在俄罗斯联邦境内被追究刑事责任的,应依照本法典承担刑事责任。

(本款由 2006 年 7 月 27 日第 153 号联邦法律修订)

第 13 条 犯罪人的引渡

1. 俄罗斯联邦公民在外国境内实施犯罪的,不得引渡给该外国。

2. 外国公民和无国籍人,在俄罗斯联邦境外实施犯罪而处在俄罗斯联邦境内的,可以依照俄罗斯联邦签署的国际条约引渡给外国,以便追究刑事责任或者服刑。

总则·第二编 犯罪

第三章 犯罪的概念和犯罪的种类

第 14 条 犯罪的概念

1. 本法典以刑罚相威胁所禁止的有罪过地实施的危害社会行为,被认为是犯罪。

2. 行为(不作为)虽然形式上含有本法典规定的某一行为的要件,但由于情节显著轻微而不构成社会危害性的,不是犯罪。

(本款由 1998 年 6 月 25 日第 92 号联邦法律修订)

第 15 条 犯罪的种类

1. 本法典规定的行为,依照其社会危害性的性质和程度,分为轻罪、中等严重的犯罪、严重犯罪和特别严重的犯罪。

2. 故意或过失行为,本法典对之规定的最高刑罚不超过 2 年剥夺自由的,是轻罪。

3. 故意行为,本法典对之规定的最高刑罚不超过 5 年剥夺自由的,过失行为,本法典对之规定的最高刑罚超过 2 年剥夺自由的,是中等严重的犯罪。

(2001 年 3 月 9 日第 25 号联邦法律修订)

4. 故意行为,本法典对之规定的最高刑罚不超过 10 年剥夺自由的,是严重犯罪。

(2001 年 3 月 9 日第 25 号联邦法律修订)

5. 故意行为,本法典对之规定的最高刑罚超过 10 年剥夺自由或更重的,是特别严重的犯罪。

第 16 条 多次犯罪(失效)

(本条由 2003 年 12 月 8 日第 162 号联邦法律删除)

第 17 条　数罪

1. 实施两个以上犯罪，而犯罪人未因其中任何一个被判刑的，是数罪。但本法典分则条款将实施两个以上作为加重刑罚情节规定的情形除外。在数罪的情况下，犯罪人应依照本法典相应条或款的规定对实施的每一犯罪承担刑事责任。

（本款由 2003 年 12 月 8 日第 162 号联邦法律、2004 年 7 月 21 日第 73 号联邦法律修订）

2. 一个行为（不作为）含有本法典两条或更多条规定的犯罪要件的，亦视为数罪。

3. 如果一个犯罪由一般规范和特殊规范作了规定，则不是数罪，其刑事责任依特殊规范。

第 18 条　累犯

1. 因实施故意犯罪而有前科的人又实施故意犯罪的，是累犯。

2. 下列情况下的累犯被认为是危险的累犯：

（1）一个人实施应判处实际剥夺自由的严重犯罪，而以前又曾经两次以上因中等严重的故意犯罪被判处剥夺自由的；

（2）一个人实施严重犯罪，而以前又曾经因严重犯罪或特别严重犯罪被判处实际剥夺自由的。

3. 下列情况下的累犯被认为是特别危险的累犯：

（1）一个人实施应判处实际剥夺自由的严重犯罪，以前又曾经因严重犯罪两次以上被判处实际剥夺自由的；

（2）一个人实施特别严重的犯罪，而以前又曾经两次因严重犯罪被判刑或者以前曾因特别严重的犯罪被判过刑的；

4. 在认定累犯时，不得计算在内的有：

（1）实施故意的轻罪的前科；

（2）在年满 18 岁之前实施犯罪的前科；

（3）被判处缓刑或延期执行判决，如果缓刑或延期执行判决没有被撤销而犯罪人未被押送到剥夺自由场所服刑的情况下的前科；以及依照本法典第 86 条已经消灭或被撤销的前科。

5. 对累犯应该依照本法典规定的根据和在本法典规定的限度内从重处罚。

（本条由 2003 年 12 月 8 日第 162 号联邦法律修订）

总则·第二编犯罪

第四章 应该承担刑事责任的人

第 19 条 刑事责任的一般条件

只有达到本法典规定的刑事责任年龄并具有刑事责任能力的自然人才得承担刑事责任。

第 20 条 开始承担刑事责任的年龄

1. 在实施犯罪前年满 16 岁的人应该承担刑事责任。

2. 在实施下列犯罪前年满 14 岁的人应该承担刑事责任:杀人(第 105 条)、故意严重损害他人健康(第 111 条)、故意中等严重损害他人健康(第 112 条)、绑架(第 126 条)、强奸(第 131 条)、暴力性行为(第 132 条)、偷窃(第 158 条)、抢夺(第 161 条)、抢劫(第 162 条)、勒索(第 163 条)、没有盗窃目的的非法侵占汽车或其他交通工具(第 166 条)、有加重情节的故意毁灭或损坏财产(第 167 条第 2 款)、恐怖行为(第 205 条)、劫持人质(第 206 条)、故意虚假举报恐怖主义行为(第 207 条)、有加重情节的流氓行为(第 213 条第 2 款)、野蛮行为(第 214 条)、侵占或勒索武器、弹药、爆炸物品和爆炸装置(第 226 条)、侵占或勒索麻醉品或精神药物(第 229 条)、破坏交通运输工具或交通道路(第 267 条)。

(本款由 2004 年 7 月 21 日第 73 号联邦法律、2006 年 7 月 27 日第 153 号联邦法律修订)

3. 如果未成年人达到本条第 1 款或第 2 款规定的年龄,但由于与精神病无关的心理发育滞后而在实施危害社会行为时不能完全意识到自己行为(不作为)的实际性质和社会危害性或者不能完全控制自己的行为,则不应承担刑事责任。

第 21 条 无刑事责任能力

1. 在实施危害社会的行为时处于无刑事责任能力状态的人,即由于慢性精神病、暂时性精神失常、痴呆症或其他心理病态而不能意识自己行为(不作为)的实际性质和社会危害性,或者不能控制自己行为的人,不负刑事责任。

2. 对处于无刑事责任能力状态中实施刑事法律所规定的危害社会行为的人,法院可以判处本法典规定的医疗性强制措施。

第 22 条 患有不排除刑事责任能力的精神失常的人的刑事责任

1. 具有刑事责任能力的人,在实施犯罪时由于精神失常而不能完全意识自己行为(不作为)的实际性质和社会危害性或者不能完全控制自己的行为的,应负刑事责任。

2. 不排除刑事责任能力的精神失常,法院在处刑时应当予以考虑,它也可以成为判处医疗性强制措施的根据。

第 23 条 在不清醒状态下实施犯罪的人的刑事责任

在使用酒精饮料、麻醉品或其他迷幻药物而导致的不清醒状态中实施犯罪的人,应承担刑事责任。

总则·第二编 犯罪

第五章 罪过

第 24 条 罪过的形式

1. 故意或因过失实施犯罪的人被认为是有罪过的人。

2. 因过失而实施的行为,只有在分则的相应条款有专门规定时,才被认为是犯罪。

(本款由 1998 年 6 月 25 日第 92 号联邦法律修订)

第 25 条 故意犯罪

1. 具有直接故意或间接故意而实施的行为,被认为是故意实施的犯罪。

2. 如果犯罪人意识到自己的行为(不作为)的社会危害性,预见到可能或必然发生危害社会的后果并希望这种后果发生,则犯罪是具有直接故意实施的犯罪。

3. 如果犯罪人意识到自己的行为(不作为)的社会危害性,预见到可能发生危害社会的后果,虽不希望,但有意识地放任这种后果发生或对这种后果采取漠不关心的态度,则犯罪是具有间接故意实施的犯罪。

第 26 条 过失犯罪

1. 因轻信或疏忽而实施的行为,被认为是过失犯罪。

2. 如果犯罪人预见到自己行为(不作为)可能发生危害社会的后果,但却没有足够理由地轻信可以防止这种后果的发生,则犯罪是因轻信而实施的犯罪。

3. 如果犯罪人在加以必要的注意和具有必要的预见性时本来应该和可以预见到自己行为(不作为)可能发生危害社会的后果却未预见到这种后果,则犯罪是因疏忽而实施的犯罪。

第 27 条 具有两种罪过形式时实施犯罪的责任

如果由于实施故意犯罪造成了依法应该处以更重刑罚的严重后果,而这种后果又不包括在犯罪人的故意之中,则只有在犯罪人预见到这种后果发生的可能性却没有足够根据地轻信可以防止这种后果发生,或者犯罪人应该预见或可以预见这种后果可能发生却未预见时,才应对这种后果承担刑事责任。在总体上,这种犯罪是故意犯罪。

第 28 条 无罪过造成损害

1. 如果实施行为的人没有意识到而且根据案情也不可能意识到自己行为(不作为)的社会危害性,或者没有预见到而且根据案情也不应该预见到或者不可能预见到可能发生危害社会的后果,则该行为被认为是无罪过行为。

2. 如果实施行为的人尽管预见到自己的行为(不作为)可能发生危害社会的后果,但由于其生理心理素质不符合极度异常条件的要求或者不适应神经心理过重负担而未能防止这种后果发生,其行为也是无罪过行为。

总则·第二编 犯罪

第六章 未完成的犯罪

第 29 条 既遂犯罪和未完成的犯罪

1. 如果犯罪人实施的行为含有本法典规定的犯罪构成的全部要件,则犯罪是既遂犯罪。

2. 预备犯罪和犯罪未遂是未完成的犯罪。

3. 未完成的犯罪的刑事责任,依照本法典中规定既遂犯罪责任的条款并援引本法典第 30 条的规定确定。

第 30 条 预备犯罪和犯罪未遂

1. 为了实施犯罪而寻找、制造或加工犯罪手段或工具,寻找共同犯罪人,进行犯罪勾结或者以其他方式故意为犯罪创造条件,如果在这种情况下由于犯罪人意志以外的情况而未将犯罪进行到底的,是预备犯罪。

2. 只有对预备严重犯罪和特别严重的犯罪,才追究刑事责任。

3. 犯罪人直接实施犯罪的故意行为(不作为),如果在这种情况下由于犯罪人意志以外的情况而未将犯罪进行到底的,是犯罪未遂。

第 31 条 自动中止犯罪

1. 如果行为人意识到可能将犯罪进行到底而终止预备犯罪或者终止直接实施犯罪的行为(不作为),是自动中止犯罪。

2. 如果行为人自愿并彻底中止将犯罪进行到底,则不应对犯罪承担刑事责任。

3. 自动中止将犯罪进行到底的人,如果其事实上已经实施的行为含有其他犯罪构成,则应该承担刑事责任。

4. 组织犯和教唆犯,如果及时向权力机关报告或者采取其他措施阻止了实行犯将犯罪进行到底,不负刑事责任。如果帮助犯采取了他能采取的一切措施以阻止犯罪的实施,则不负刑事责任。

5. 如果本条第4款规定的组织犯或教唆犯的行为未能阻止实行犯实施犯罪,则法院在处刑时可以将他们所采取的措施视为减轻刑罚的情节。

总则·第二编 犯罪

第七章 共同犯罪

第 32 条 共同犯罪的概念

两人以上故意共同参与实施犯罪,是共同犯罪。

第 33 条 共同犯罪人的种类

1. 组织犯、教唆犯和帮助犯与实行犯一样,都是共同犯罪人。

2. 直接实施犯罪或者直接与其他人(共同实行犯)共同实施犯罪的人,以及利用因年龄、无刑事责任能力或本法典规定的其他情况而不负刑事责任的人实施犯罪的,是实行犯。

3. 组织犯罪的实施或领导犯罪的实行的人,以及成立有组织的集团或犯罪团体(犯罪组织)或者领导这些集团或团体的人,是组织犯。

4. 劝说、收买、威胁或以其他方式怂恿他人实施犯罪的人,是教唆犯。

5. 以建议、指点、提供信息、提供犯罪手段或工具或者排除障碍从而帮助实施犯罪的人,以及事先许诺藏匿犯罪人、犯罪手段或工具、湮灭犯罪痕迹或藏匿犯罪赃物的人,以及事先许诺购买或销售赃物的人,是帮助犯。

第 34 条 共同犯罪人的责任

1. 共同犯罪人的责任由每一共同犯罪人实际参与犯罪的性质和程度决定。

2. 共同实行犯依照本法典分则条款对他们共同实施的犯罪承担责任,不得援引本法典第 33 条的规定。

3. 组织犯、教唆犯和帮助犯的刑事责任依照本法典对所实施犯罪规定刑罚的条款并援引本法典第 33 条予以确定,但他们同时又是共同实行犯的情形除外。

4. 不是本法典分则相应条款专门规定的犯罪主体的人参与实施该条款所

规定犯罪的,应该作为该犯罪的组织犯、教唆犯或帮助犯对该犯罪承担刑事责任。

5. 如果实行犯由于其意志以外的情况未将犯罪进行到底,则其余共同犯罪人仍应承担预备犯罪或犯罪未遂的刑事责任。由于意志以外的情况而未能怂恿他人实施犯罪的人,亦应承担预备犯罪的刑事责任。

第 35 条 团伙、有预谋的团伙、有组织的集团或犯罪团体(犯罪组织)实施犯罪

1. 两个以上的实行犯不经预谋而共同参与实施犯罪,是团伙犯罪。
2. 事先串通共同实施犯罪的人参与实施犯罪,是有预谋的团伙犯罪。
3. 如果犯罪是由为实施一个或几个犯罪而组织起来的固定团伙实施的,则是有组织的集团实施犯罪。
4. 如果犯罪是由为实施严重犯罪或特别严重犯罪而成立的有严密组织的集团(组织)实施的,或者是由为此目的而成立的有组织的集团的联合组织实施的,则是犯罪团体(犯罪组织)实施犯罪。
5. 组建或领导有组织的集团或犯罪团体(犯罪组织)的人,在本法典分则相应条款规定的情况下,应该对这些集团的组建和领导承担刑事责任,如果有组织的集团和犯罪团体(犯罪组织)所实施的犯罪是他的故意,则还应对这些集团和团体实施的所有犯罪承担刑事责任。有组织集团或犯罪团体(犯罪组织)的其他参加者,在本法典分则相应条款规定的情况下,应对他们参加这些集团或团体承担刑事责任,还应对他们参与预备或实施的犯罪承担刑事责任。
6. 在本法典分则条款未规定的情况下,组建有组织的集团的,应对该集团为之而成立的犯罪的预备承担刑事责任。
7. 对团伙犯罪、有预谋的团伙犯罪、有组织的集团犯罪或犯罪团体(犯罪组织)犯罪,应该依照本法典并在本法典规定的限度内从重处罚。

第 36 条 实行犯的过度行为

实行犯实施不属于其他共同犯罪人故意之内的犯罪,是实行犯的过度行为。对实行犯的过度行为,其他共同犯罪人不负刑事责任。

总则·第二编 犯罪

第八章 排除行为有罪性质的情节

第 37 条 正当防卫

1. 在正当防卫情况下,即为了保护防卫人本人或他人的人身和权利、社会和国家受法律保护的利益免受危害社会行为的侵害,如果这种侵害伴随着危及防卫人或他人生命的暴力,或者以使用这种暴力直接相威胁,则对加害人造成损害的不是犯罪。

2. 如果侵害不伴随着危及防卫人或他人生命的暴力或者不以使用这种暴力直接相威胁,只要没有超过正当防卫的限度,即未实施显然与侵害的性质和危害性不相当的故意行为,则对这种侵害进行防卫是合法的。

2-1. 如果防卫人由于侵害的突然性而不能客观地判断侵害的危险性的程度和性质,则防卫人的行为不是超过正当防卫限度。

(本款由 2003 年 12 月 8 日第 162 号联邦法律增补)

3. 本条的规定平等地适用于任何人,无论其职业训练或其他专门训练以及职务地位如何,也无论是否有可能逃避危害社会的侵害或者是否有可能向他人或权力机关求助。

(本款由 2006 年 7 月 27 日第 153 号联邦法律、2002 年 3 月 14 号第 29 号联邦法律修订)

第 38 条 在拘捕犯罪人时造成损害

1. 为了将犯罪人押解到权力机关或为了制止犯罪人实施新的犯罪的可能而在拘捕犯罪人时对犯罪人造成损害,如果不可能用其他手段拘捕犯罪人而且也没有超过为达此目的所必需的方法,则不是犯罪。

2. 如果采取的方法显然与被拘捕人所实施犯罪的社会危害性的性质和程度及与拘捕犯罪人时的情况不相当,而对被拘捕人造成显然过分的,并非情势所致的损害,则是超过拘捕犯罪人所必需的方法。只有在故意造成损害的情况下,才应对超过拘捕犯罪人所必需的方法造成的损害承担刑事责任。

第 39 条　紧急避险

1. 在紧急避险情况下,即为了排除直接威胁本人或他人的人身和权利以及威胁社会和国家受法律保护的利益的危险,而对受刑事法律保护的利益造成损害的,如果该危险不能用其他手段排除,而且并未超过紧急避险的限度,则不是犯罪。

2. 如果造成的损害显然与构成威胁的危险的性质和程度以及排除危险时的情况不相当,当对上述利益造成的损害等于或者大于所防止的损害时,则认为是超过紧急避险的限度。只有在故意造成损害的情况下,才应对超过紧急避险限度承担刑事责任。

第 40 条　身体或心理受到强制

1. 如果一个人由于身体受到强制而不能控制自己的行为(不作为),则由于身体受到强制而对受刑事法律保护的利益造成损害的,不是犯罪。

2. 一个人由于心理受到强制而对受刑法保护的利益造成损害,以及由于身体受到强制,但仍能够控制自己行为时而对上述利益造成损害,其刑事责任问题应考虑本法典第 39 条的规定予以解决。

第 41 条　合理风险

1. 为了达到对社会有益的目的而在合理风险情况下对受刑事法律保护的利益造成损害的,不是犯罪。

2. 如果不冒行为(不作为)的风险上述目的便不能达到,而冒风险的人已采取足够的措施防止对受刑法保护的利益造成损害,则风险是合理风险。

3. 如果风险显然伴随着对众多人生命的威胁,造成生态浩劫或社会灾难的威胁,则风险不是合理风险。

第 42 条　执行命令或指令

1. 行为人为了执行对他具有强制力的命令或指令而对受刑事法律保护的利益造成损害的,不是犯罪。造成损害的刑事责任应该由发出非法命令或指令的人承担。

2. 明知命令或指令非法却为执行命令或指令而实施故意犯罪的人,应按照一般根据承担刑事责任。不执行明知非法的命令或指令的,不负刑事责任。

总则·第三编 刑罚

第九章 刑罚的概念和目的 刑罚的种类

第43条 刑罚的概念和目的

1. 刑罚是法院的刑事判决所判处的国家强制措施。刑罚对被认定犯罪的人适用。刑罚是依照本法典的规定剥夺或限制该人的权利和自由。

2. 适用刑罚的目的在于恢复社会公正,以及改造被判刑人和预防实施新的犯罪。

第44条 刑罚的种类

刑罚有以下种类:

(1) 罚金;

(2) 剥夺担任一定职务或从事某种活动的权利;

(3) 剥夺专门称号、军衔或荣誉称号、职衔和国家奖励;

(4) 强制性社会公益劳动;

(5) 劳动改造;

(6) 限制军职;

(7) 没收财产;

(2003年12月8日第162号联邦法律规定删除)

(8) 限制自由;

(9) 拘役;

(10) 军纪营管束;

(11) 一定期限的剥夺自由;

(12) 终身剥夺自由;

(13) 死刑。

第 45 条 主刑与附加刑

1. 强制性社会公益劳动、劳动改造、限制军职、限制自由、拘役、军纪营管束、一定期限的剥夺自由、终身剥夺自由、死刑仅可作为主刑适用。

2. 罚金和剥夺担任一定职务或从事某种活动的权利既可作为主刑适用,也可作为附加刑适用。

3. 剥夺专门称号、军衔或荣誉称号、职衔和国家奖励只能作为附加刑适用。
(本款由 2003 年 12 月 8 日第 162 号联邦法律修订)

第 46 条 罚金

1. 罚金是在本法典规定的限度内所处的金钱处罚。
(本款由 2003 年 12 月 8 日第 162 号联邦法律修订)

2. 罚金的数额为 2 500 卢布以上 1 000 000 卢布以下或者被判刑人 2 周以上 5 年以下的工资或其他收入。只有在本法典分则相应条款有专门规定的情况下,对严重犯罪和特别严重的犯罪才能判处数额为 500 000 卢布以上的或超过被判刑人 3 年工资或其他收入的罚金。
(本款由 2003 年 12 月 8 日第 162 号联邦法律修订)

3. 罚金的数额由法院考虑所实施犯罪的严重程度并考虑被判刑人及其家庭的财产状况,以及考虑被判刑人取得工资和其他收入的可能性予以确定。法院还可以考虑上述情况判处在 3 年期限内分期交纳罚金。
(本款由 2003 年 12 月 8 日第 162 号联邦法律修订)

4. 罚金作为附加刑只能在本法典分则相应条款规定的情况下判处。

5. 在被判刑人恶意逃避作为主刑判处的罚金时,罚金可以在本法典分则相应条款规定的制裁限度内改判其他刑罚。
(本款由 2003 年 12 月 8 日第 162 号联邦法律修订)

第 47 条 剥夺担任一定职务或从事某种活动的权利

1. 剥夺担任一定职务或从事某种活动的权利是禁止担任国家公职或在地方自治机关中任职,或者从事某种职业活动或其他活动。

2. 剥夺担任一定职务或从事某种活动的权利作为主刑为 1 年以上 5 年以下,作为附加刑为 6 个月以上 3 年以下。

3. 在本法典分则相应条款未规定剥夺担任一定职务或从事某种活动的权利作为对有关犯罪的刑罚时,如果法院考虑到犯罪社会危害性的性质和程度以及犯罪人的身份,认为他不可能再享有担任一定职务或从事某种活动的权利,则剥夺担任一定职务或从事某种活动的权利也可以作为附加刑适用。

4. 在作为对强制性社会公益劳动、劳动改造的附加刑判处这种刑罚时,以及在缓刑的条件下,这种刑罚的期限从法院刑事判决生效之时起算。在将剥夺担任一定职务或从事某种活动的权利作为对限制自由、拘役、军纪营管束、剥夺自由的附加刑判处时,这种刑罚适用于上述主刑的整个服刑期,但在这种情况下刑期自主刑刑满之时起计算。

第 48 条 剥夺专门称号、军衔或荣誉称号、职衔和国家奖励

在对严重犯罪或特别严重的犯罪处刑时,法院可以考虑犯罪人的身份,剥夺其专门称号、军衔或荣誉称号、职衔和国家奖励。

第 49 条 强制性社会公益劳动

1. 强制性社会公益劳动是被判刑人在主要工作或学习之余无偿完成社会公益劳动。工作的种类和服刑地点由地方自治机关决定。

(本款由 2003 年 12 月 8 日第 162 号联邦法律修订)

2. 强制性社会公益劳动的期限为 60 小时以上 240 小时以下,而每天的服刑时间不得超过 4 小时。

3. 如果被判刑人恶意逃避服强制性社会公益劳动刑,则可以改判限制自由、拘役或剥夺自由。在这种情况下,被判刑人已经服过强制性社会公益劳动的时间在确定限制自由、拘役或剥夺自由的期限时应予以计算,1 天限制自由、拘役或剥夺自由折抵 8 小时强制性社会公益劳动。

(本款由 2003 年 12 月 8 日第 162 号联邦法律修订)

4. 对被认定为一等残废的人、孕妇、有 3 岁以下子女的妇女、年满 55 岁的妇女、年满 60 岁的男子,以及应征服现役的军人,不得判处强制性社会公益劳动。对依照合同服兵役的列兵和军士,如果他们尚未服完法定的应征服兵役的期限,也不得判处强制性社会公益劳动。

(本款由 2003 年 12 月 8 日第 162 号联邦法律修订)

第 50 条 劳动改造

1. 对没有主要工作地点的被判刑人判处劳动改造。服刑场所由地方自治机关与劳动改造刑的执行机关协商确定,但应在被判刑人居住区内。

2. 劳动改造的期限为 2 个月以上 2 年以下。

3. 从被判处劳动改造的人的工资中应扣除法院刑事判决所规定的数额作为国家收入,限额为 5% 以上 20% 以下。

4. 如果被判处劳动改造的人恶意逃避服刑,法院可以用限制自由、拘役或剥夺自由代替未服完的刑期,1 天限制自由折抵 1 天劳动改造,1 天拘役折抵 2

天劳动改造或者 1 天剥夺自由折抵 3 天劳动改造。

5. 对被认定为一等残废的人、孕妇、有 3 岁以下子女的妇女和应征服兵役的人,不得判处劳动改造;对依照合同服兵役的列兵和军士,如果到法院作出刑事判决之时他们尚未服完法定的应征服兵役的期限,也不得判劳动改造刑。

(本条由 2003 年 12 月 8 日第 162 号联邦法律修订)

第 51 条　限制军职

1. 在本法典分则相应条款对军职罪规定的情况下,对依照合同服兵役的现役军人判处限制军职,期限为 3 个月以上 2 年以下,还可以对被判刑的依照合同服兵役的军人判处限制军职代替本法典分则相应条款规定的劳动改造。

2. 从被判处限制军职的人的军饷中应扣除法院刑事判决所规定的数额作为国家收入,但不得超过 20%。在服刑期间,被判刑人不得晋升职务和军衔,而服刑期也不得计入正常授予军衔所要求的军龄。

(本款由 2003 年 12 月 8 日第 162 号联邦法律修订)

第 52 条　没收财产

(本条由 2003 年 12 月 8 日第 162 号联邦法律规定本条删除)

第 53 条　限制自由

1. 限制自由是将在法院作出判决前年满 18 岁的被判刑人安置在专门机构实行监督,但不与社会隔离。

2. 对以下人判处限制自由:

(1) 因实施故意犯罪而被判刑但无前科的人,处 1 年以上 3 年以下限制自由;

(2) 对实施过失犯罪而被判刑的人,处 1 年以上 5 年以下限制自由。

3. 在用限制自由代替强制性社会公益劳动或劳动改造时,限制自由的期限可以少于 1 年。

4. 在被判处限制自由的人恶意逃避服刑的情况下,限制自由可以改判剥夺自由,其期限为法院所判处的限制自由的期限。此时,服限制自由的时间应计入服剥夺自由的时间,1 天限制自由折抵 1 天剥夺自由。

5. 对被认定为一等或二等残废的人、孕妇、有 14 岁以下子女的妇女、年满 55 岁的妇女、年满 60 岁的男子以及应征服兵役的军人,不得判处限制自由。

(本款由 2003 年 12 月 8 日第 162 号联邦法律修订)

第 54 条　拘役

1. 拘役是将被判刑人拘禁在严格与社会隔离的条件下，期限为 1 个月以上 6 个月以下。在用拘役代替强制性社会公益劳动或劳动改造时，其期限可以少于 1 个月。

2. 对在法院作出刑事判决之时未满 16 岁的人，以及孕妇和有 14 岁以下子女的妇女，不得判处拘役。

（本款由 2003 年 12 月 8 日第 162 号联邦法律修订）

3. 军人在禁闭室服拘役刑。

第 55 条　军纪营管束

1. 对应征服兵役的军人，可以判处军纪营管束，对依照合同服兵役的列兵和军士，如果他们在法院作出刑事判决之时尚未服满法定的应征服兵役的期限，也可以判处军纪营管束。在本法典分则相应条款对军职罪规定的情况下，以及在犯罪的性质和犯罪人的身份证明可以用相同期限的军纪营管束代替不超过 2 年的剥夺自由时，可以判处军纪营管束，期限为 3 个月以上 2 年以下。

2. 在用军纪营管束代替剥夺自由时，军纪营管束的期限按 1 天剥夺自由折抵 1 天军纪营管束计算。

第 56 条　一定期限的剥夺自由

1. 剥夺自由是通过将被判刑人押往改造村、教养营、医疗性改造机构以及普通管束制度、严格管束制度或特别管束制度的改造营或者押送到监狱从而与社会隔离。

（本款由 2001 年 3 月 9 日第 25 号联邦法律修订）

2. 剥夺自由的期限为 2 个月以上 20 年以下。

（本款 2003 年 12 月 8 日第 162 号联邦法律修订）

3. （失效）。

（本款由 2003 年 12 月 8 日第 162 号联邦法律删除）

4. 在数罪并罚，部分或全部合并执行剥夺自由的刑期时，剥夺自由的最长刑期不得超过 25 年，而在数个判决合并处刑时，不得超过 30 年。

第 57 条　终身剥夺自由

1. 对侵害生命的特别严重的犯罪，以及对实施破坏公共安全的特别严重犯罪，判处终身剥夺自由。

（本款由 2004 年 7 月 21 日第 74 号联邦法律修订）

2. 对妇女，以及实施犯罪时未满 18 岁的人和法院作出判决时已年满 65 岁的男子，不得判处终身剥夺自由。

第58条 被判处剥夺自由的人服刑的改造机构

1. 下列人员服剥夺自由刑的改造机构是：

（1）因过失犯罪而被判刑的人，以及因实施故意的轻罪和中等严重犯罪被判处剥夺自由而以前未服过剥夺自由的人，在改造村服刑。考虑实施犯罪的情节和犯罪人的个人身份，法院可以判处上述人员在普通管束制度的改造营服刑，同时说明做出此种决定的理由。

（2）因实施严重犯罪被判处剥夺自由的男子，以前未服过剥夺自由的；以及因实施严重犯罪和特别严重犯罪被判处剥夺自由的妇女，包括任何种类的累犯，在普通管束制度的改造营服刑；

（本项由2003年12月8日第162号联邦法律修订）

（3）因实施特别严重犯罪被判处剥夺自由的男子，以前未服过剥夺自由的；以及累犯或危险的累犯，以前曾服过剥夺自由的，在严格管束制度的改造营服刑；

（本项由2003年12月8日第162号联邦法律修订）

（4）被判处终身剥夺自由的男子，以及特别危险的累犯，在特别管束制度的改造营服刑。

2. 对因特别严重犯罪被判处剥夺自由超过5年的男子，以及特别危险的累犯，可以判处在监狱服部分刑期。在这种情况下，法院应将有罪判决生效前被判刑人被羁押的时间计入在监狱服刑的时间。

（本款由2003年12月8日第162号联邦法律修订）

3. 被判处剥夺自由的人，在法院作出判决时未满18岁的，在教养营服刑。

4. 变更法院判处的改造机构的种类，须由法院根据俄罗斯联邦刑事执行立法办理。

（本条由2001年3月9日第25号联邦法律修订）

第59条 死刑

1. 死刑作为极刑只能对侵害生命的特别严重的犯罪适用。

2. 对妇女，以及实施犯罪时不满18岁的人和法院作出判决时已年满65岁的男子，不得判处死刑。

3. 死刑可以通过特赦程序改判为终身剥夺自由或25年的剥夺自由。

总则・第三编 刑罚

第十章 处刑

第 60 条 处刑的一般原则

1. 对被认定犯罪的人,应在本法典分则相应条款规定的限度内,并考虑本法典总则的规定,判处公正的刑罚。在对犯罪规定的所有刑罚种类中,只有在较轻的刑种不能保证达到刑罚的目的时才得判处更重的刑种。

2. 在依照本法典第 69 条和第 70 条的规定数罪并罚和数个判决合并处刑时,可以判处比本法典分则相应条款对犯罪规定的刑罚更重的刑罚。判处比本法典分则相应条款的规定更轻的刑罚的根据由本法典第 64 条规定。

3. 在处刑时应考虑犯罪社会危害性的性质和程度以及犯罪人的身份,其中包括减轻刑罚的情节和加重刑罚的情节,以及所处的刑罚对改造被判刑人的影响和对其家庭生活条件的影响。

第 61 条 减轻刑罚的情节

1. 减轻刑罚的情节是:
(1) 由于各种情况的耦合而初次实施犯罪;
(2) 犯罪人未成年;
(3) 犯罪人怀孕;
(4) 犯罪人有幼年子女;
(5) 由于生活困难情况的交迫或者出于同情的动机而实施犯罪;
(6) 由于身体或心理受到强制或由于物质的、职务的或其他的依赖从属关系而实施犯罪;
(7) 因违反正当防卫、拘捕犯罪人、紧急避险、合理风险、执行命令或指令等的合法性条件而实施犯罪;
(8) 由于被害人的行为不合法或不道德而实施犯罪;

（9）自首，积极协助揭露犯罪、揭发同案犯和起获赃物；

（10）在犯罪之后立即对被害人给予医疗救助或其他帮助，自愿赔偿犯罪所造成的财产损失或精神损害，以及其他旨在弥补对被害人所造成的损失的行为。

2. 在处刑时还可以考虑本条第 1 款没有规定的减轻刑罚的情节。

3. 如果减轻刑罚的情节已在本法典分则的相应条款中作为犯罪要件作了规定，则它本身不得在处刑时再重复予以考虑。

第 62 条 在有减轻情节情况下的处刑

在具有本法典第 61 条第 1 款第 9 项和第 10 项所规定的减轻情节而没有加重情节的情况下，刑罚的期限或数额不得超过本法典分则相应条款规定的最重刑种最高刑期或数额的 3/4。

第 63 条 加重刑罚的情节

1. 加重刑罚的情节是：

（1）累犯；

（本项由 2003 年 12 月 8 日第 162 号联邦法律修订）

（2）由于实施犯罪而发生严重的后果；

（3）参加团伙、有预谋的团伙、有组织的集团或犯罪团体（犯罪组织）实施犯罪；

（4）在犯罪中作用特别积极；

（5）引诱患有严重精神病的人或处于不清醒状态中的人犯罪，以及引诱未达到刑事责任年龄的人犯罪；

（6）出于政治的、意识形态的、种族的、民族的、宗教的仇恨或敌视的动机而实施犯罪，或者出于对某一社会集团的仇恨或敌视的动机而实施犯罪；

（本项由 2007 年 7 月 24 日第 211 号联邦法律修订）

（6-1）为报复他人的合法行为而实施犯罪，以及为了掩盖其他罪行或为给其他犯罪创造条件而实施犯罪；

（本项由 2007 年 7 月 24 日第 211 号联邦法律增补）

（7）由于他人执行职务或履行社会义务而对该人及其亲属实施犯罪；

（8）对犯罪人明知正在怀孕的妇女、以及对幼年人、其他没有自卫能力或孤立无援的人实施犯罪或者对依赖从属于犯罪人的人实施犯罪；

（9）犯罪手段特别残忍，对被害人进行虐待或严重侮辱，以及折磨被害人；

（10）使用武器、弹药、爆炸物品、爆炸装置或仿造爆炸装置、专门制造的机械、剧毒物质和放射性物质、药品和其他化学品犯罪，以及采用身体或心理的强制迫使他人实施犯罪；

（11）在紧急状态、自然灾害或其他社会灾难条件下以及在聚众骚乱中实施犯罪；

（12）利用他人因犯罪人的职务地位或合同而对犯罪人给予的信任实施犯罪；

（13）利用国家权力机关代表的制服或证件实施犯罪。

2．如果加重刑罚的情节已在本法典分则相应条款中作为犯罪要件加以规定，则它本身不得在处刑时再重复予以考虑。

第 64 条 判处比法定刑更轻的刑罚

1．当存在与犯罪的目的和动机、犯罪人的作用，犯罪人在实施犯罪时和实施犯罪后的行为有关的特殊情况时，当存在其他大大减轻犯罪社会危害性的程度的情节时，以及在团伙犯罪的参加者积极协助揭露该犯罪时，刑罚可以低于本法典分则相应条款规定的低限，或者法院可以判处比该条的规定更轻的刑种，或者不适用本来作为必要附加刑规定的附加刑。

2．特殊情况可以是个别的减轻刑罚的情节，也可以是若干减轻刑罚的情节的总和。

第 65 条 陪审员判决从宽处罚时的处刑

1．如果陪审员认为某人有罪但又值得从宽处罚时，刑罚的期限或数额不得超过对所实施犯罪规定的最重刑种最高刑期或数额的 2/3。如果本法典分则的相应条款规定了死刑或终身剥夺自由，则这两种刑罚不得适用，而在本法典分则相应条款规定的限度内判处刑罚。

（本款由 2003 年 12 月 8 日第 162 号联邦法律修订）

2．（失效）

（本款由 2003 年 12 月 8 日第 162 号联邦法律删除）

3．在数罪并罚或数个判决合并处刑时，刑罚的种类、期限或数额依照本法典第 69 条和第 70 条规定的规则决定。

（本款由 2003 年 12 月 8 日第 162 号联邦法律修订）

4．在对陪审员判决认为有罪，但值得从宽处罚的人处刑时，不考虑加重刑罚的情节。

（本款由 2003 年 12 月 8 日第 162 号联邦法律修订）

第 66 条 对未完成犯罪的处刑

1．在对未完成的犯罪处刑时，应考虑致使犯罪未能进行到底的情节。

2. 对预备犯罪所处的刑罚,不得高于本法典分则相应条款对既遂犯罪所规定的最重刑种最高刑期或数额的1/2。

3. 对犯罪未遂所处的刑罚,不得高于本法典分则相应条款对既遂犯罪所规定的最重刑种最高刑期或数额的3/4。

4. 对预备犯罪和犯罪未遂不得判处死刑和终身剥夺自由。

第67条 对共同犯罪的处刑

1. 在对共同犯罪处刑时,应考虑犯罪人实际参与实施犯罪的性质和程度,该人的参与对于达到犯罪目的的意义,他对已经造成的或可能造成的损害的性质和数额的影响。

2. 与一个共同犯罪人身份有关的减轻情节或加重情节,仅在对该共同犯罪人处刑时予以考虑。

第68条 对累犯的处刑

1. 在对累犯、危险的累犯和特别危险的累犯处刑时,应考虑以前所实施犯罪的数量、社会危害性的性质和程度,考虑致使以前的刑罚不足以对罪犯进行改造的情节,以及考虑所犯新罪社会危害性的性质和程度。

2. 对任何累犯所处的刑期,都不得低于法定刑最重刑种最高刑期的1/3,但均不得超出本法典分则相应条款规定的限度。

3. 对任何种类的累犯,如果法院认定了本法典第61条规定的减轻刑罚的情节,则刑期可以少于该犯罪法定刑最重刑种最高刑期的1/3,但不得超出本法典分则相应条款规定的限度,而在本法典第64条规定的特殊情况下处刑时,可以判处比法定刑更轻的刑罚。

(本条由2003年12月8日第162号联邦法律修订)

第69条 数罪并罚

1. 在数罪并罚时,应对每一犯罪分别处刑。

2. 如果数罪均为轻罪和中等严重的犯罪,则最终刑罚通过较重的刑罚吸收较轻的刑罚或者通过部分或全部合并刑罚的办法判处。在这种情况下,最终刑罚不得超过所实施犯罪中最重犯罪的法定刑最高刑期或数额的一倍半。

(本款由2003年12月8日第162号联邦法律修订)

3. 如果数罪中即使有一罪属于严重犯罪或特别严重的犯罪,则最终刑罚应通过部分或全部合并刑罚的办法判处。在这种情况下,最终的剥夺自由刑不得超过数罪中最重犯罪法定剥夺自由刑最高刑期的一倍半。

(本款由2003年12月8日第162号联邦法律修订)

4. 在数罪并罚时,判处主刑还可以并处附加刑。在部分或全部合并刑罚时,最终的附加刑不得超过本法典总则规定的该种刑罚的最高期限或数额。

5. 如果在法院对案件作出判决之后又确认被判刑人在法院作出判决之前犯有其他罪行,处刑的规则同上。在这种情况下,执行法院对前案判决所服完的刑罚应计入最终刑罚。

第 70 条 数个判决合并处刑

1. 在数个判决合并处刑时,法院后一个判决所处的刑罚应该部分或全部附加执行前一判决尚未服完的那部分刑罚。

2. 如果数个判决合并处刑时的最终刑罚轻于剥夺自由,则最终刑罚不得超过本法典总则对该刑种规定的最高刑期或数额。

3. 数个判决合并处刑的最终刑罚为剥夺自由的,刑期不得超过 30 年。

4. 数个判决合并处刑时的最终刑罚应该既高于对新罪所处的刑罚,又高于执行前一判决尚未服完的刑期。

5. 在数个判决合并处刑时,数个附加刑的附加依照本法典第 69 条第 4 款规定的规则进行。

第 71 条 合并处刑时决定刑期的程序

1. 数罪并罚和数个判决合并处刑时,剥夺自由 1 日相当于:

(1) 拘役 1 日或军纪营管束 1 日;

(2) 限制自由 2 日;

(3) 劳动改造 3 日或限制军职 3 日;

(4) 强制性社会公益劳动 8 小时。

2. 罚金,剥夺担任一定职务或从事某种活动的权利,剥夺专门称号、军衔或荣誉称号、职衔或国家奖励,在与限制自由、拘役、军纪营管束、剥夺自由合并处罚时,单独执行。

(本款由 2003 年 12 月 8 日第 162 号联邦法律修订)

第 72 条 刑期的计算与刑罚的折抵

1. 剥夺担任一定职务或从事某种活动的权利、劳动改造、限制军职、限制自由、拘役、军纪营管束、剥夺自由的期限都按月和年计算,而强制性社会公益劳动的期限按小时计算。

2. 在本条第 1 款规定的刑罚代替或合并时,以及在刑罚折抵时,刑期可以按日计算。

3. 未决期羁押的时间,计入剥夺自由、军纪营管束和拘役的期限时,1 日折抵 1 日;计入限制自由时,1 日折抵 2 日;计入劳动改造或限制军职时,1 日折抵 3 日,而在计入强制性社会公益劳动的期限时,1 日羁押折抵强制性社会公益劳动 8 小时。

4. 对于在俄罗斯联邦境外犯罪的人,在依照本法典第 13 条的规定引渡时,在法院判决生效前羁押的时间和依照法院判决服剥夺自由刑的时间,按 1 日折抵 1 日计算。

5. 如果被判刑人在法庭审理前受到羁押,而主刑为罚金、剥夺担任一定职务或从事某种活动的权利,法院应考虑羁押期,减轻刑罚或完全免于服刑。

第 73 条　缓刑

1. 如果在判处劳动改造、限制军职、限制自由、军纪营管束或 8 年以下的剥夺自由之后,法院认为被判刑人不实际服刑亦可能得到改造,则可以判处缓刑。

（本款由 2003 年 12 月 8 日第 162 号联邦法律修订）

2. 在判处缓刑时,法院应考虑犯罪社会危害性的性质和程度,犯罪人的身份,以及减轻情节和加重情节。

3. 在判处缓刑时,法院应规定考验期。在考验期中,被判缓刑的人应该以自己的行为证明自己已经得到改造。在判处 1 年以下剥夺自由或更轻的刑种时,考验期不得少于 6 个月,不得超过 3 年,而在判处超过 1 年剥夺自由时,考验期不得少于 6 个月,不得超过 5 年。

4. 在缓刑时,可以判处附加刑。

（本款由 2003 年 12 月 8 日第 162 号联邦法律修订）

5. 法院在判处缓刑时,可以责令被判刑人履行一定的义务:不向对被判刑人进行改造的专门国家机关报告不得变更经常居住、工作或学习的地点;不得前往某些场所;在醒酒、戒毒、戒除药瘾或治疗花柳病的机构接受治疗;赡养家庭。法院还可以责令被判缓刑的人履行有利于改造的其他义务。

6. 对被判缓刑人员行为的监督由被授权的国家专门机构进行,而对军人,则由部队或机关的指挥人员进行。

7. 在考验期中,根据对被判缓刑人员行为实行监督的机关的报告,法院可以完全或部分撤销原先对被缓刑人规定的义务或增加这种义务。

第 74 条　撤销缓刑或延长考验期

1. 如果在考验期届满之前被判缓刑人员以自己的行为证明他已经得到改造,法院可以根据对被判缓刑人员的行为实行监督的机关的报告,作出撤销缓刑并撤销被判刑人前科的裁定。在这种情况下,在规定的考验期过半后才可以撤销缓刑。

2. 如果被判缓刑的人逃避履行法院责令他履行的义务,或者又破坏社会秩序并因此受到行政处罚,法院可以根据本条第 1 款所规定机关的报告延长考验期,但延长的部分不得超过 1 年。

3. 如果在考验期中被判缓刑的人多次或恶意不履行法院责令他履行的义务,或者被判缓刑的人躲藏起来逃避监督,则法院可以根据本条第 1 款所规定机关的报告作出撤销缓刑并执行法院刑事判决所处刑罚的裁定。

(本款由 2004 年 7 月 26 日第 78 号联邦法律修订)

4. 如果被判缓刑的人在考验期中实施过失犯罪或故意的轻罪,则由法院决定撤销或保留缓刑的问题。

5. 如果在考验期中被判缓刑的人实施中等严重的故意犯罪、严重的故意犯罪或特别严重的犯罪,法院应撤销缓刑并依照本法典第 70 条规定的规则对他处刑。在本条第 4 款规定的情况下亦按照同样的规则处刑。

总则·第四编 免除刑事责任与免除刑罚

第十一章　免除刑事责任

第 75 条　因积极悔过而免除刑事责任

1. 初次实施轻罪和中等严重犯罪的人,如果在犯罪之后主动自首,协助揭露犯罪,赔偿所造成的损失或以其他方式弥补犯罪所造成的损害,从而因积极悔过而不再具有社会危害性,则可以被免除刑事责任。

（本款由 2003 年 12 月 8 日第 162 号联邦法律修订）

2. 实施其他种类犯罪的人,只有在本法典分则相应条款有专门规定的情况下,才得被免除刑事责任。

（本款由 2006 年 7 月 27 日第 153 号联邦法律修订）

第 76 条　因与被害人和解而免除刑事责任

初次实施轻罪和中等严重犯罪的人,如果他与被害人和解并弥补给被害人造成的损害,则可以被免除刑事责任。

（本条由 2003 年 12 月 8 日第 162 号联邦法律修订）

第 77 条　因形势改变而免除刑事责任（失效）

（本条由 2003 年 12 月 8 日第 162 号联邦法律删除）

第 78 条　因时效期届满而免除刑事责任

1. 自实施犯罪之时起经过下列期限的,免除犯罪人的刑事责任:
（1）实施轻罪的,经过 2 年;
（2）实施中等严重犯罪的,经过 6 年;
（3）实施严重犯罪的,经过 10 年;
（4）实施特别严重犯罪的,经过 15 年。

2. 时效期自实施犯罪之时起计算,到法院刑事判决生效之时终止。犯罪人又实施新罪时,每一犯罪的时效期单独计算。

3. 如果实施犯罪的人逃避侦查或审判,则时效期中止。在这种情况下,时效期自该人被拘捕或自首时恢复计算。

4. 对实施应判处死刑或终身剥夺自由的犯罪的人,适用时效期的问题由法院决定。如果法院认为不能因时效期届满而免除其刑事责任,则不再适用死刑或终身剥夺自由。

5. 对实施本法典第 353 条、第 356 条、第 357 条和第 358 条所规定的破坏人类和平和安全罪的人,不适用时效期。

总则·第四编 免除刑事责任与免除刑罚

第十二章 免除刑罚

第 79 条 假释

1. 正在服军纪营管束或剥夺自由刑的人,如果法院认定他不需要服满法院所处的刑罚即可以得到改造,则应该假释。在这种情况下,可以完全或部分免于服附加刑。

（本款由 2003 年 12 月 8 日第 162 号联邦法律修订）

2. 在适用假释时,法院可以责令被判刑人履行本法典第 73 条第 5 款规定的义务,被判刑人应该在尚未服满的刑期内履行这些义务。

3. 被判刑人在实际服满以下刑期之后才得适用假释：

（1）因轻罪或中等严重的犯罪被判刑的,不少于刑期的 1/3；

（本项由 2001 年 3 月 9 日第 25 号联邦法律修订）

（2）因严重犯罪被判刑的,不少于刑期的 1/2；

（本项由 2001 年 3 月 9 日第 25 号联邦法律修订）

（3）因特别严重的犯罪被判刑的,不少于刑期的 2/3；以及以前曾被假释,而依照本条第 7 款规定的根据被撤销假释的,不少于刑期的 2/3。

（本项由 2001 年 3 月 9 日第 25 号联邦法律修订）

4. 被判刑人实际服满剥夺自由的期限不得少于 6 个月。

5. 正在服终身剥夺自由刑的人,如果法院认为他不需要继续服这种刑罚并且已经实际服满不少于 25 年剥夺自由,则可以得到假释。对服终身剥夺自由刑的人员,只有在最近 3 年内被判刑人没有恶意违反规定的服刑程序,才能适用假释。在服终身剥夺自由刑期间又实施新的严重犯罪或特别严重犯罪的,不得适用假释。

（本款由 2003 年 12 月 8 日第 162 号联邦法律修订）

6. 对被假释人员行为的监督由被授权的专门国家机关进行,而对军人,则由部队或机关的指挥人员进行。

7. 如果在尚未服满的刑期内:

(1)被判刑人破坏社会秩序并因而受到行政处罚,或恶意逃避履行法院在适用假释时责令他履行的义务,则法院可以根据本条第6款所规定的机关的报告作出裁定,撤销假释和执行尚未服完的那部分刑罚;

(2)被判刑人实施过失犯罪的,关于撤销或保留假释的问题由法院解决;

(3)被判刑人实施故意犯罪的,法院应根据本法典第70条规定的规则对他处刑。在实施过失犯罪的情况下,如果法院撤销假释,亦按同样的规则处刑。

第80条 将未服完部分的刑罚改判较轻的刑种

1. 对正在服限制自由、军纪营管束或剥夺自由的人员,法院根据他们在服刑期间的行为表现,可以将剩余的那部分刑期全部或部分改判较轻的刑种。

(本款由2001年3月9日第25号联邦法律、2003年12月8日第162号联邦法律修订)

2. 被判处剥夺自由的人员,在实际服满以下刑期后,未服完部分的刑期才得改判较轻的刑种:

因实施轻罪或中等严重犯罪被判刑的,不少于刑期的1/3;

因实施严重犯罪被判刑的,不少于刑期的1/2;

因实施特别严重犯罪被判刑的,不少于刑期的2/3。

(本款由2001年3月9日第25号联邦法律修订)

3. 在将未服完部分的刑罚改判较轻的刑种时,法院可以依照本法典第44条规定的刑种,在本法典对每一刑种规定的限度内,选择任何一个更轻的刑种。

第80-1条 因形势改变而免除刑罚

对初次实施轻罪或中等严重犯罪的人,如果确定由于形势变化而该人或他所实施的犯罪不再具有社会危害性,法院应免除其刑罚。

(本条由2003年12月8日第162号联邦法律增补)

第81条 因疾病而免除刑罚

1. 在实施犯罪之后发生精神病,致使不能意识自己行为(不作为)的实际性质和社会危害性或者不能控制自己行为的人,得免除刑罚,而如果是正在服刑的人,则免于继续服刑。法院可以对这种人判处医疗性强制措施(俄罗斯联邦卫生部和俄罗斯联邦司法部2001年第311/242号命令对适用程序和条件进行说明)。

2. 对在实施犯罪之后罹患使之难于服刑的其他严重疾病的人,法院可以免其服刑。

3. 正在服拘役、军纪营管束刑的军人,在罹患使之不再适于服兵役的疾病时,可以免于继续服刑。未服完部分的刑罚可以改判较轻的刑种。

4. 本条第 1 款和第 2 款所规定的犯罪人,在其康复时,如果本法典第 78 条和第 83 条规定的时效期尚未届满,则应承担刑事责任和受到刑罚。

第 82 条　孕妇和有幼年子女的妇女延期服刑

1. 对被判刑的孕妇和有 14 岁以下子女的妇女,除因侵害人身的严重犯罪和特别严重的犯罪被判剥夺自由超过 5 年的以外,法院可以决定其延期服刑,直至子女年满 14 岁。

(本款由 2001 年 3 月 9 日第 25 号联邦法律、2003 年 12 月 8 日第 162 号联邦法律修订)

2. 如果本条第 1 款所规定的妇女拒不抚养子女,或在对延期服刑的妇女的行为实行监督的机关宣布警告以后继续逃避教养子女,法院可以根据该机关的报告撤销延期服刑并将被判刑妇女押送到法院刑事判决所判处的场所服刑。

3. 在子女年满 14 岁时,法院可以免除被判刑妇女服刑或免除服剩余部分的刑罚,或者将剩余部分的刑罚改判较轻的刑种。

(本款由 2001 年 3 月 9 日第 25 号联邦法律修订)

4. 如果在延期服刑的期间内被判刑妇女又犯新罪,法院应依照本法典第 70 条的规则对她处刑。

第 83 条　因法院有罪判决的时效期届满而免于服刑

1. 如果法院的有罪判决自生效之日起经过以下期限没有执行,则因实施犯罪被判刑的人免于服刑:

(1) 因轻罪被判刑的,经过 2 年;

(2) 因中等严重的犯罪被判刑的,经过 6 年;

(3) 因严重犯罪被判刑的,经过 10 年;

(4) 因特别严重的犯罪被判刑的,经过 15 年。

2. 如果被判刑人逃避服刑,则时效期的计算中断。在这种情况下,时效期自被判刑人被拘捕或被判刑人自首之时起恢复计算。被判刑人逃避服刑之前已过去的时效期,应计算在内。

3. 关于对被判死刑或终身剥夺自由的人适用时效期的问题,由法院解决。如果法院认为不可以适用时效期,则这两种刑罚应改判有一定期限的剥夺自由。

4. 对因实施本法典第353条、第356条、第357条和第358条所规定的破坏人类和平和安全罪而被判刑的人,不得适用时效期。

总则·第四编 免除刑事责任与免除刑罚

第十三章 大赦、特赦、前科

第84条 大赦

1. 大赦由俄罗斯联邦联邦会议国家杜马对非个别确定范围的人宣布。

2. 对实施犯罪的人,大赦令可以免除其刑事责任,对因实施犯罪而被判刑的人,可以免除刑罚,对他们所判处的刑罚或者可以缩减或改判较轻的刑种,或者可以免除附加刑。对刑满人员,大赦令可以撤销其前科。

第85条 特赦

1. 特赦由俄罗斯联邦总统对个别特定的人实行。

2. 特赦令可以免除因犯罪而被判刑的人继续服刑,或者缩减对他所判处的刑罚或改判较轻的刑种。对刑满人员,特赦令可以撤销其前科。

第86条 前科

1. 因实施犯罪而被判刑的人,自法院的有罪判决生效之日起至前科消灭或撤销之时止,被认为有前科。在认定累犯时和在判处刑罚时,均应依照本法典的规定考虑前科。

2. 被免除刑罚的人,被认为没有前科。

3. 在下列情况下前科消灭:

(1)被判缓刑的人,考验期届满;

(2)被判处比剥夺自由更轻刑种的人,服刑期满后过1年;

(本项由2003年12月8日第162号联邦法律修订)

(3)因轻罪或中等严重的犯罪被判处剥夺自由的人,服刑期满后过3年;

(4)因严重犯罪而被判处剥夺自由的人,服刑期满后过6年;

(5)因特别严重的犯罪被判处剥夺自由的人,服刑期满后过8年。

4. 如果被判刑人按法律规定的程序被提前免于服刑或者未服满部分的刑罚改判较轻的刑种,则消灭前科的期限根据实际服完的刑期自免于服主刑和附加刑之时起计算。

5. 如果被判刑人在服刑期满之后表现良好,则法院可以根据他本人的请求在前科消灭的期限届满之前撤销前科。

6. 前科消灭或撤销后,与前科有关的一切法律后果便不复存在。

总则·第五编 未成年人的刑事责任

第十四章　未成年人刑事责任与刑罚的特点

第 87 条　未成年人的刑事责任

1. 犯罪之时年满 14 岁,但不满 18 岁的人,是未成年人。

2. 对实施犯罪的未成年人,可以适用强制性教育感化措施或者判处刑罚,而在法院免除其刑罚时,也可以将他们送往教育管理机关的封闭型专门教学教养机构。

（本款由 2003 年 12 月 8 日第 162 号联邦法律修订）

第 88 条　对未成年人科处的刑罚种类

1. 对未成年人科处的刑罚种类有：

（1）罚金；

（2）剥夺从事某种活动的权利；

（3）强制性社会公益劳动；

（4）劳动改造；

（5）拘役；

（6）一定期限的剥夺自由。

2. 不论未成年被判刑人有可以被追索的独立工资或财产,还是没有这种工资或财产,都可以判处罚金。对未成年被判刑人判处的罚金,可以根据法院的决定经其父母或其他法定代理人本人的同意向他们追索。罚金的数额为 1000 卢布以上 5 万卢布以下或者被判刑未成年人 2 周以上 6 个月以下的工资或其他收入。

（本款由 2003 年 12 月 8 日第 162 号联邦法律修订）

3. 强制性社会公益劳动是完成未成年人力所能及的工作,期限为 40 小时以上 160 小时以下,未成年人应在学习或主要工作之余执行。不满 15 岁的人执行该种刑罚的持续时间每天不得超过 2 小时,而年满 15 岁不满 16 岁的人每天不得超过 3 小时。

4. 对未成年人判处的劳动改造期限为 1 年以下。

5. 对在法院作出判决之时已满 16 岁的未成年人可以判处拘役,期限为 1 个月以上 4 个月以下。

6. 对在年满 16 岁之前实施犯罪的未成年人判处剥夺自由的期限不得超过 6 年。对年满 16 岁之前实施特别严重犯罪的未成年人,以及其他未成年人,判处剥夺自由的期限不得超过 10 年,并且他们应在教养营服刑。对年满 16 岁之前初次实施轻罪或中等严重犯罪的未成年人,以及初次实施轻罪的其他未成年人,不得判处剥夺自由。

(本款由 2003 年 12 月 8 日第 162 号联邦法律修订)

6-1. 在因实施严重犯罪或特别严重犯罪而对未成年被判刑人判处剥夺自由时,本法典分则相应条款规定的刑罚的下限减半。

(本款由 2003 年 12 月 8 日第 162 号联邦法律增补)

6-2. 如果未成年被判刑人被判处缓刑,而在考验期内又实施不属于特别严重犯罪的新罪,法院根据案情和犯罪人的个人身份可以再次作出缓刑裁定,同时规定新的考验期,并责令被判缓刑人员完成本法典第 73 条第 5 款规定的某些义务。

(本款由 2003 年 12 月 8 日第 162 号联邦法律增补)

7. 法院可以给刑罚执行机关发出指示,要求它在对待未成年被判刑人时考虑其个人身份的某些特点。

第 89 条　对未成年人处刑

1. 在对未成年人处刑时,除考虑本法典第 60 条所规定的情节外,还应考虑其生活和教育条件、心理发育水平、其他个人特点,以及年长的人对他的影响。

2. 未成年作为减轻刑罚的情节应与其他减轻情节和加重情节一并予以考虑。

第 90 条　强制性教育感化措施的适用

1. 对实施轻罪或中等严重犯罪的未成年人,如果认为通过适用强制性教育感化措施可以使他得到矫正,则可以免除刑事责任。

(本款由 2003 年 12 月 8 日第 162 号联邦法律修订)

2. 对未成年人可以判处以下强制性教育感化措施:

(1) 警告;

（2）交给父母或代替父母的人或者专门国家机关监管；
（3）责令弥补所造成的损害；
（4）对其闲暇进行限制和对未成年人的行为规定特殊的要求。

3. 对未成年人可以同时处以几种强制性教育感化措施。适用本条第2款第2项和第4项规定的强制性教育感化措施的期限，实施轻罪的，为1个月以上2年以下，实施中等严重犯罪的，为6个月以上3年以下。

（本款由2003年12月8日第162号联邦法律修订）

4. 如果未成年人多次不执行强制性教育感化措施，可以根据专门国家机关的报告撤销这种措施，并移送材料，以追究未成年人的刑事责任。

第91条 强制性教育感化措施的内容

1. 警告是向未成年人说明其行为所造成的损害和本法典规定的再次实施犯罪的后果；

2. 交付监管是责成未成年人的父母、代替父母的人以及专门国家机关对未成年人进行教育感化并监督其行为；

3. 责令弥补所造成的损害根据未成年人的财产状况和他所具有的相应劳动技能进行；

4. 限制闲暇和对未成年人的行为规定特殊的要求可以禁止前往某些场所，禁止采用某些休闲方式，其中包括与驾驶机动车有关的方式，限制在一天的一定时间之后离家，不经专门国家机关许可不得前往其他地区。对未成年人还可以要求返回教育机构或在专门国家机关帮助下进行劳动安置。对未成年人还可以作出本款未列出的其他限制和规定其他要求。

第92条 免除未成年人的刑罚

1. 对因实施轻罪或中等严重的犯罪而被判刑的未成年人，法院可以免除其刑罚，而适用本法典第90条第2款规定的强制性教育感化措施。

2. 对因实施中等严重犯罪而被判处剥夺自由的和实施严重犯罪被判刑的未成年人，法院可以免除刑罚，而将他们安置到教育管理机关的封闭型专门教学教养机构。安置到教育机关的封闭型专门教学教养机构可以作为强制性教育感化措施适用，以矫正需要特殊教养、教学条件和需要专门教育方法的未成年人。未成年人可以安置到上述机构直至年满18岁，但不得超过3年。

（本款由2003年7月7日第111号联邦法律、2003年12月8日第162号联邦法律修订）

3. 如果法院认为未成年人不再需要继续留在封闭型专门教学教养机构，则可以在法院规定的期限届满之前终止适用这一措施。

（本款由2003年7月7日第111号联邦法律修订）

4. 只有经未成年人本人申请,出于完成普通教育或职业培训之必需,才允许延长安置在封闭型专门教学教养机构的时间。

（本款由2003年7月7日第111号联邦法律修订）

5. 对实施本法典以下条款所规定的犯罪的未成年人,不得依照本条第2款规定的程序免除刑罚:第111条第1款和第2款,第117条第2款,第122条第3款,第126条,第127条第3款,第131条第2款,第132条第2款,第158条第4款,第161条第2款,第162条第1款和第2款,第163条第2款,第205条第1款,第205-1条第1款,第206条第1款,第208条,第210条第2款,第211条第1款,第223条第2款和第3款,第226条第1款和第2款,第228-1条第1款,第229条第1款和第2款。

（本款由2003年12月8日第162号联邦法律修订）

第93条 未成年人的假释

（本条题目由2001年3月9日第25号联邦法律修订）

对在未成年时实施犯罪而被判处剥夺自由的人,在实际服完以下刑期后,可以适用假释:

（本段由2001年3月9日第25号联邦法律、2003年12月8日第162号联邦法律修订）

（1）因轻罪或中等严重的犯罪或因严重犯罪而被判刑的,至少服完法院所处刑期的1/3;

（本项由2003年12月8日第162号联邦法律修订）

（2）（失效）。

（本项由2003年12月8日第162号联邦法律删除）

（3）因特别严重的犯罪被判刑的,至少服完法院所处刑期2/3。

第94条 时效期

本法典第78条和第83条规定的时效期,在对未成年人免除刑事责任或免除刑罚时缩短一半。

第95条 前科消灭的期限

对年满18岁之前实施犯罪的人,本法典第86条第3款规定的消灭前科的期限应予缩短,分别为:

（1）因轻罪或中等严重的犯罪而服剥夺自由刑的,服刑期满后经过1年;

（2）因严重犯罪或特别严重的犯罪而服剥夺自由刑的，服刑期满后经过3年。

第96条　本章规定对年满18岁不满20岁的人的适用

在特殊情况下，考虑到所实施行为的性质及个人身份，法院可以对在年满18岁不满20岁时实施犯罪的人适用本章的规定，但不得将他们安置到教育管理机关的封闭型专门教学教养机构或者教养营。

（本条由2001年3月9日第25号联邦法律、2003年7月7日第111号联邦法律修订）

总则·第六编 其他刑法性质的措施*

第十五章　医疗性强制措施

第97条　适用医疗性强制措施的根据

1. 法院可以对下列人员适用医疗性强制措施：

（1）在无刑事责任能力状态下实施本法典分则规定的行为的；

（2）在实施犯罪之后发生精神病，因而不可能对之处刑或执行刑罚的；

（3）实施犯罪并患有不排除刑事责任能力的精神失常的；

（本项2003年12月8日第162号联邦法律修订）

（4）（失效）。

（本项由2003年12月8日第162号联邦法律删除）

2. 对本条第1款所列的人员，只有在这些人因精神病可能造成其他重大损害，或对本人或他人构成危险时，才可以适用医疗性强制措施。

3. 执行医疗性强制措施的程序由俄罗斯联邦刑事执行立法和其他联邦法律规定。

4. 对本条第1款所列的人员，如其精神状态不构成危险，则法院可以将必要的材料移送卫生机关，以便决定依照俄罗斯联邦卫生立法规定的程序对这些人员进行治疗和将他们送往社会保障性精神病防治机构的问题。

第98条　适用医疗性强制措施的目的

适用医疗性强制措施的目的是治愈本法典第97条第1款所列人员或改善其心理状态，以及预防他们再实施本法典分则的条款所规定的行为。

第99条　医疗性强制措施的种类

---

* 本编题目由2006年7月27日第153号联邦法律修订。

1. 法院可以判处以下种类的医疗性强制措施：
(1) 强制性门诊监管并接受精神病医生治疗；
(2) 在普通精神病住院机构进行强制治疗；
(3) 在专门精神病住院机构进行强制治疗；
(4) 在加强监管的专门精神病住院机构进行强制治疗。

2. 对在有刑事责任能力状态下实施犯罪，但需要治疗不排除刑事责任能力的精神失常的被判刑人，法院除判处刑罚外，还可以判处强制性门诊监管并接受精神病医生治疗。

（本款由 2003 年 12 月 8 日第 162 号联邦法律修订）

第 100 条　强制性门诊监管并接受精神病医生治疗

在具备本法典第 97 条规定的根据时，如果一个人的心理状态不需要安置到精神病住院机构，则可以判处强制性门诊监管并接受精神病医生治疗。

第 101 条　在精神病住院机构进行强制治疗

1. 在具备本法典第 97 条规定的根据时，如果一个人的精神病的性质需要只有在精神病住院机构才可能具有的治疗、照料、生活和监管的条件，则可以判处在精神病住院机构进行强制治疗。

2. 对于其心理状态需要住院治疗和监管，但不需要加强监管的人，可以判处在普通精神病住院机构进行强制治疗。

3. 对其心理状态需要经常监管的人，可以判处在专门精神病住院机构进行强制治疗。

4. 对其心理状态对本人和他人构成特别的危险并需要经常性加强监管的人，可以判处在加强监管的专门精神病住院机构进行强制治疗。

第 102 条　医疗性强制措施适用的延长、变更和终止

1. 医疗性强制措施适用的延长、变更和终止由法院根据强制治疗机构的行政的报告，并根据精神病医生委员会的诊断结论进行。

2. 对被判处医疗性强制措施的人，每 6 个月至少一次由精神病医生委员会进行检查，以便解决是否应向法院提出终止适用或变更这种措施的问题。如果在治疗过程中主治医生得出结论，认为必须变更医疗性强制措施或者终止其适用，则根据主治医生的提议，以及根据本人、其法定代理人和（或）近亲属的申请，对这种人进行检查。申请通过进行强制治疗的机构的行政递交，而不论最后一次检查的时间。在没有理由终止适用或变更医疗性强制措施时，强制治疗机构的行政应向法院提交延长强制治疗的诊断结论。在开始治疗之时起满 6 个月

时可以进行第一次延长,以后强制治疗每年延长。

(本款由 2001 年 3 月 20 日第 26 号联邦法律修订)

3. 当犯罪人的心理状态发生变化,没有必要再适用原先判处的医疗性强制措施或者有必要判处其他医疗性强制措施时,法院可以变更或终止医疗性强制措施。

4. 终止适用在精神病住院机构进行强制治疗时,法院可以将曾进行强制治疗的人的必要材料移送卫生机关,以便依照俄罗斯联邦卫生立法规定的程序决定他的治疗或安置到社会保障性精神病防治机构的问题。

第 103 条 适用医疗性强制措施时间的折抵

在实施犯罪之后发生精神病的人痊愈的情况下,在处刑或恢复执行刑罚时,在精神病住院机构对他适用强制治疗的时间计入刑期,在精神病住院机构强制治疗 1 日折抵剥夺自由 1 日。

第 104 条 执行刑罚合并适用医疗性强制措施

1. 在本法典第 99 条第 2 款规定的情况下,医疗性强制措施在剥夺自由刑的服刑地点执行,而被判处其他刑种的人,则在进行门诊心理帮助的卫生机构进行。

2. 在被判刑人心理状态发生变化,需要住院治疗时,应依照俄罗斯联邦卫生立法规定的程序和根据将被判刑人安置到精神病住院机构或其他医疗机构。

3. 在上述机构治疗的时间计入服刑期。当被判刑人不再需要继续在上述机构治疗时,依照俄罗斯联邦卫生立法规定的程序办理出院。

4. 法院根据刑罚执行机关的报告并根据精神病医生委员会的诊断结论终止在执行刑罚时适用医疗性强制措施。

总则·第六编 其他刑法性质的措施

第十五-1章 没收财产

(本章由2006年7月27日第153号联邦法律增补)

第104-1条 没收财产①

1. 没收财产是依照法院判决将以下财产强制性地无偿收归国家所有：

（1）实施本法典第105条第2款、第111条第2款、第126条第2款、第127-1条、第127-2条、第146条、第147条、第164条、第184条第3款和第4款、第186条、第187条、第188条、第189条、第204条第3款和第4款、第205条、第205-1条、第205-2条、第206条、第208条、第209条、第210条、第212条、第222条、第227条、第228-1条、第229条、第231条、第232条、第234条、第240条、第241条、第242条、第242-1条、第275条、第276条、第277条、第278条、第279条、第281条、第282-1条、第282-2条、第285条、第290条、第355条、第359条第3款规定的犯罪所取得的金钱、贵重物品和其他财产以及利用这些财产所取得的任何收入，但应该返还合法占有人的财产和收入除外；

（2）全部或部分利用犯罪所得财产和该财产的收入而转化或改变出来的金钱、贵重物品和其他收入；

（3）用于或准备用于资助恐怖主义、有组织集团、非法武装队伍、犯罪团体（犯罪组织）的金钱、贵重物品或其他财产；

（4）属于刑事被告人的武器、设备和其他犯罪手段。

2. 对于实施犯罪所取得的其他财产和(或)利用该财产取得的收入，如果已经并入合法取得的财产，则应没收与所并入财产或财产收入的价值相当的那一

---

① 第104-1条涉及没收利用犯罪所得财产而获得的收入的规定，适用于2007年1月1日以后产生的法律关系。

部分。

3. 本条第 1 款和第 2 款所列财产,被判刑人已经移转给他人(组织)的,应该予以没收,如果接收财产的人知道或者应该知道该财产系通过犯罪行为所得。

第 104-2 条　没收金钱代替没收财产

如果本法典第 104-1 条所列财产中的特定物品,由于使用、变卖或其他原因而在法院作出没收该物品的判决时已经不可能没收,则法院应作出判决,没收与该物品价值相当的金钱。

第 104-3 条　赔偿所造成的损失

1. 在依照本法典第 104-1 条、第 104-2 条解决没收财产的问题时,首先应该解决向合法占有人赔偿损失的问题。

2. 如果犯罪人除第 104-1 条第 1 款和第 2 款所列财产外没有其他可供追索的财产,则应该用上述财产赔偿合法占有人的损失,而剩余部分收归国家所有。

分则·第七编 侵害人身的犯罪

第十六章 侵害生命和健康的犯罪

第105条 杀人

1. 杀人,即故意造成他人死亡的,处6年以上15年以下的剥夺自由。

2. 杀人而有下列情形之一的:

(1) 杀死2人以上的;

(2) 因他人执行公务或履行社会义务而对他或其亲属实施的;

(3) 犯罪人明知被害人处于孤立无援状态而实施的,以及同时实施绑架或劫持人质的;

(4) 犯罪人明知被害人怀孕的;

(5) 手段特别残忍的;

(6) 使用危害公众的方法实施的;

(6-1) 出于血族复仇的动机的;

(本项由2007年7月24日第211号联邦法律增补)

(7) 团伙、有预谋的团伙或有组织的集团实施的;

(8) 出于贪利的动机或受雇于人,以及同时实施抢劫、勒索或武装匪帮行为的;

(9) 出于流氓动机的;

(10) 为掩盖其他犯罪或为实施其他犯罪创造条件而实施的,以及同时实施强奸或暴力性行为的;

(11) 出于政治的、意识形态的、种族的、民族的、宗教的仇恨或敌视,或者出于对某一社会集团的仇恨或敌视的动机而实施的;

(本项由2007年7月24日第211号联邦法律修订)

(12) 以利用被害人身体的器官或组织为目的而实施的；
(本项由 2003 年 12 月 8 日第 162 号联邦法律修订)
(13)（失效），
(本项由 2003 年 12 月 8 日第 162 号联邦法律删除)
处 8 年以上 20 年以下的剥夺自由；或处终身剥夺自由；或处死刑。
(本款由 2004 年 7 月 21 日第 73 号联邦法律修订)

第 106 条 母亲杀死新生儿

母亲在分娩过程中或者在分娩之后立即杀死新生儿，以及母亲在精神受强烈刺激的情势下或者在不排除刑事责任能力的精神失常状态中杀死新生儿的，
处 5 年以下的剥夺自由。

第 107 条 在激情状态中杀人

1. 因被害人的暴力、挖苦或严重侮辱，或因被害人其他违法行为或不道德行为(不作为)，以及由于被害人经常不断的违法行为或不道德行为而长期遭受精神创伤，从而在突发的强烈精神激动(激情)状态中实施杀人的，
处 3 年以下的限制自由；或处 3 年以下的剥夺自由。
2. 在激情状态中杀死 2 人以上的，
处 5 年以下的剥夺自由。

第 108 条 超过正当防卫限度或者超过拘捕犯罪人所必需的方法杀人

1. 超过正当防卫限度杀人的，
处 2 年以下的限制自由；或处 2 年以下的剥夺自由。
2. 超过拘捕犯罪人所必需的方法杀人的，处 3 年以下的限制自由或 3 年以下的剥夺自由。

第 109 条 过失致人死亡

1. 过失致人死亡的，
处 2 年以下的限制自由；或处 2 年以下的剥夺自由。
(本款由 2003 年 12 月 8 日第 162 号联邦法律修订)
2. 因不适当地履行自己的职责而过失致人死亡的，
处 3 年以下的限制自由；或处 3 年以下的剥夺自由，并处或不并处 3 年以下剥夺担任一定职务或从事某种活动的权利。
(本款由 2003 年 12 月 8 日第 162 号联邦法律修订)
3. 过失造成 2 人以上死亡的，

处 5 年以下的限制自由；或处 5 年以下的剥夺自由，并处或不并处 3 年以下剥夺担任一定职务或从事某种活动的权利。

（本款由 2003 年 12 月 8 日第 162 号联邦法律修订）

第 110 条　迫使他人自杀

用威胁、虐待或经常侮辱被害人人格的方法，迫使其自杀或自杀未遂的，

处 3 年以下的限制自由；或处 5 年以下的剥夺自由。

第 111 条　故意严重损害他人健康

1. 故意严重损害他人健康而危及生命，或者使他人丧失视觉、说话能力、听力或丧失身体器官或者使器官丧失功能，造成他人流产，发生精神失常，使人染上毒瘾或药瘾，使他人永久性毁容，或者引起他人永久丧失一般劳动能力 1/3 以上，或者故意使被害人完全丧失职业劳动能力的，

处 2 年以上 8 年以下的剥夺自由。

（本款由 1998 年 6 月 25 日第 92 号联邦法律修订）

2. 上述行为而有下列情形之一的，

（1）因他人执行公务或履行社会义务而对他或其亲属实施的；

（2）对被害人使用特别残忍的手段、侮辱或折磨，以及犯罪人明知被害人处于孤立无援状态而对之实施的；

（3）使用危害公众的方法实施的；

（4）受雇于人的；

（5）出于流氓动机的；

（6）出于政治的、意识形态的、种族的、民族的、宗教的仇恨或敌视，或者出于对某一社会集团的或仇恨或敌视的动机而实施的；

（本项由 2007 年 7 月 24 日第 211 号联邦法律修订）

（7）为了利用被害人的身体器官或组织而实施的，

处 3 年以上 10 年以下的剥夺自由。

3. 本条第 1 款或第 2 款规定的行为，如果它们是：

（1）团伙、有预谋的团伙或有组织的集团实施的；

（2）对 2 人以上实施的；

（本项由 2003 年 12 月 8 日第 162 号联邦法律修订）

（3）（失效），

（本项由 2003 年 12 月 8 日第 162 号联邦法律删除）

处 5 年以上 12 年以下的剥夺自由。

4. 本条第 1 款、第 2 款或第 3 款规定的行为,过失造成被害人死亡的,
处 5 年以上 15 年以下的剥夺自由。

第 112 条 故意中等严重损害他人健康

1. 故意中等严重损害他人健康而没有危及生命,也没有引起本法典第 111 条规定的后果,但却使被害人的健康长期受到损害,或者相当长久地丧失一般劳动能力不足 1/3 的,
处 3 个月以上 6 个月以下的拘役;或处 3 年以下的剥夺自由。

2. 故意中等严重损害他人健康而有下列情形之一的:
(1) 对 2 人以上实施的;
(2) 因他人执行公务或履行社会义务而对他或其亲属实施的;
(3) 对被害人使用特别残忍的手段、侮辱或折磨,以及犯罪人明知被害人处于孤立无援状态而对之实施的;
(4) 团伙、有预谋的团伙或有组织的集团实施的;
(5) 出于流氓动机的;
(6) 出于政治的、意识形态的、种族的、民族的、宗教的仇恨或敌视,或者出于对某一社会集团的仇恨或敌视的动机而实施的;
(本项由 2007 年 7 月 24 日第 211 号联邦法律修订)
(7) (失效),
(本项由 2003 年 12 月 8 日第 162 号联邦法律删除)
处 5 年以下的剥夺自由。

第 113 条 在激情状态中严重损害或中等严重损害他人健康

因被害人的暴力、挖苦或严重侮辱,或因被害人其他违法行为或不道德行为(不作为),以及由于被害人经常不断的违法行为或不道德行为而长期遭受精神创伤,从而在突发的强烈精神激动(激情)状态中故意严重损害他人健康或中等严重损害他人健康的,
处 2 年以下的限制自由;或处 2 年以下的剥夺自由。

第 114 条 超过正当防卫限度或超过拘捕犯罪人所必需的方法而严重损害他人健康或中等严重损害他人健康

1. 超过正当防卫限度,故意严重损害他人健康的,
处 2 年以下的限制自由或 1 年以下的剥夺自由。

2. 超过拘捕犯罪人所必需的方法,故意严重损害他人健康或故意中等严重损害他人健康的,

处 2 年以下的限制自由；或处 2 年以下的剥夺自由。

第 115 条　故意轻度损害他人健康

1. 故意轻度损害他人健康，因而引起被害人健康短期的损害或长久轻微丧失一般劳动能力的，

处数额为 4 万卢布以下或被判刑人 3 个月以下的工资或其他收入的罚金；或处 180 小时以上 240 小时以下的强制性社会公益劳动；或处 1 年以下的劳动改造；或处 2 个月以上 4 个月以下的拘役。

（本款由 2003 年 12 月 8 日第 162 号联邦法律修订）

2. 上述行为，

（1）出于流氓动机实施的；

（2）出于政治的、意识形态的、种族的、民族的、宗教的仇恨或敌视，或者出于对某一社会集团的仇恨或敌视的动机而实施的，

处 120 小时以上 180 小时以下的强制性社会公益劳动；或处 6 个月以上 1 年以下的劳动改造；或处 4 个月以上 6 个月以下的拘役；或处 2 年以下的剥夺自由。

（本款由 2003 年 12 月 8 日第 162 号联邦法律、2007 年 7 月 24 日第 211 号联邦法律修订）

第 116 条　殴打

1. 殴打他人或实施造成他人身体疼痛，但没有引起本法典第 115 条规定的后果的其他暴力行为的，

处数额为 4 万卢布以下或被判刑人 3 个月以下的工资或其他收入的罚金；或处 120 小时以上 180 小时以下的强制性社会公益劳动；或处 6 个月以下的劳动改造；或处 3 个月以下的拘役。

（本款由 2003 年 12 月 8 日第 162 号联邦法律修订）

2. 上述行为，

（1）出于流氓动机实施的；

（2）出于政治的、意识形态的、种族的、民族的、宗教的仇恨或敌视，或者出于对某一社会集团的仇恨或敌视的动机而实施的，

处 120 小时以上 180 小时以下的强制性社会公益劳动；或处 6 个月以上 1 年以下的劳动改造；或处 4 个月以上 6 个月以下的拘役；或处 2 年以下的剥夺自由。

（本款由 2003 年 12 月 8 日第 162 号联邦法律增补，2007 年 7 月 24 日第 211

号联邦法律修订）

第 117 条　折磨

1. 经常殴打他人或实施其他暴力行为,从而造成他人身体上或精神上的痛苦,如果没有引起本法典第 111 条和第 112 条规定的后果的,处 3 年以下的剥夺自由。

2. 实施上述行为,有下列情形之一的:

（1）对 2 人以上实施的;

（2）因他人执行公务或履行社会义务而对他或其亲属实施的;

（3）对犯罪人明知正在怀孕的妇女实施的;

（4）对明知未成年的人实施的,或明知被害人处于孤立无援的状态的人或在物质方面或其他方面处于对犯罪人的依赖从属地位的人实施的,以及对被绑架的人或被劫持的人质实施的;

（5）进行拷打的;

（6）团伙、有预谋的团伙或有组织的集团实施的;

（7）受雇于人的;

（8）出于政治的、意识形态的、种族的、民族的、宗教的仇恨或敌视,或者出于对某一社会集团的仇恨或敌视的动机而实施的,

（本项由 2007 年 7 月 24 日第 211 号联邦法律修订）

处 3 年以上 7 年以下的剥夺自由。

附注:本条和本法典其他条款中的拷打,是指为了强迫他人作陈述或实施其他违背本人意志的行为,以及为了处罚他人或其他目的而造成他人身体或精神痛苦。

（本附注由 2003 年 12 月 8 日第 162 号联邦法律增补）

第 118 条　过失严重损害他人健康

（本条题目由 2003 年 12 月 8 日第 162 号联邦法律修订）

1. 过失严重损害他人健康的,

处数额为 8 万卢布以下或被判刑人 6 个月以下的工资或其他收入的罚金;或处 180 小时以上 240 小时以下的强制性社会公益劳动;或处 2 年以下的劳动改造;或处 3 年以下的限制自由;或处 3 个月以上 6 个月以下的拘役。

（本款由 2003 年 12 月 8 日第 162 号联邦法律修订）

2. 因不适当地履行自己的职责而实施上述行为的,

处 4 年以下的限制自由或 1 年以下的剥夺自由,并处或不并处 3 年以下剥

夺担任一定职务或从事某种活动的权利。

（本款由2003年12月8日第162号联邦法律修订）

3.（失效）。

（本款由2003年12月8日第162号联邦法律删除）

4.（失效）。

（本款由2003年12月8日第162号联邦法律删除）

第119条 以杀死或严重损害健康相威胁

1. 以杀死或严重损害健康相威胁，如果有理由担心威胁付诸实施的，

（本段由2007年7月24日第211号联邦法律修订）

处2年以下的限制自由；或处4个月以上6个月以下的拘役；或处2年以下的剥夺自由。

2. 上述行为，出于政治的、意识形态的、种族的、民族的、宗教的仇恨或敌视，或者出于对某一社会集团的仇恨或敌视的动机而实施的，

处2年以上5年以下的剥夺自由并处或不并处剥夺担任一定职务或从事某种活动的权利。

（本款由2007年7月24日第211号联邦法律增补）

第120条 强制摘取人体的器官或组织做移植

1. 使用暴力或以使用暴力相威胁，强制摘取人体的器官或组织做移植的，

处4年以下的剥夺自由，并处或不并处3年以下剥夺担任一定职务或从事某种活动的权利。

2. 犯罪人明知被害人处于孤立无援的状态，或者在物质方面或其他方面处于对犯罪人的依赖从属地位而对之实施上述行为的，

处2年以上5年以下的剥夺自由，并处或不并处3年以下剥夺担任一定职务或从事某种活动的权利。

第121条 传染花柳病

1. 明知自己有花柳病而传染他人的，

处数额为20万卢布以下或被判刑人18个月以下的工资或其他收入的罚金；或处1年以上2年以下的劳动改造；或处3个月以上6个月以下的拘役。

（本款由2003年12月8日第162号联邦法律修订）

2. 对2人以上实施的，或者对明知未成年的人实施上述行为的，

处数额为30万卢布以下或被判刑人2年以下的工资或其他收入的罚金；或处2年以下的剥夺自由。

（本款由 2003 年 12 月 8 日第 162 号联邦法律修订）

第 122 条 传染艾滋病

1. 故意将他人置于感染艾滋病的危险之中的，

处 3 年以下的限制自由；或处 3 个月以上 6 个月以下的拘役；或处 1 年以下的剥夺自由。

2. 明知自己患有艾滋病而传染他人的，

处 5 年以下的剥夺自由。

3. 对 2 人以上或对明知未成年的人实施本条第 2 款规定的行为的，

处 8 年以下的剥夺自由。

4. 因不适当地履行自己的职责而使他人染上艾滋病的，

处 5 年以下的剥夺自由，并处 3 年以下剥夺担任一定职务或从事某种活动的权利。

附注：实施本条第 1 款或第 2 款规定的行为的人，如果被置于艾滋病传染危险的人事先及时被告知行为人患有艾滋病而自愿同意实施构成传染危险的行为的，则免除刑事责任。

（本附注 2003 年 12 月 8 日第 162 号联邦法律增补）

第 123 条 非法实施堕胎

1. 未受过相应专业高等医学教育的人实施堕胎的，

处数额为 8 万卢布以下或被判刑人 6 个月以下的工资或其他收入的罚金；或处 100 小时以上 240 小时以下的强制性社会公益劳动；或处 1 年以上 2 年以下的劳动改造。

（本款由 2003 年 12 月 8 日第 162 号联邦法律修订）

2. （失效）。

（本款由 2003 年 12 月 8 日第 162 号联邦法律删除）

3. 上述行为，如果过失造成被害人死亡或健康严重损害的，

处 5 年以下的剥夺自由，并处或不并处 3 年以下剥夺担任一定职务或从事某种活动的权利。

（本款由 2003 年 12 月 8 日第 162 号联邦法律修订）

第 124 条 对病人不给予救助

1. 依照法律或专门规则对病人有救助义务的人，没有正当理由而不给予救助，因而过失造成病人健康受到中等严重损害的，

处数额为 4 万卢布以下或被判刑人 3 个月以下的工资或其他收入的罚金；

或处 1 年以下的劳动改造；或处 2 个月以上 4 个月以下的拘役。

（本款由 2003 年 12 月 8 日第 162 号联邦法律修订）

2. 上述行为，如果过失造成病人死亡或造成病人健康严重损害的，

处 3 年以下限制自由，并处或不并处 3 年以下剥夺担任一定职务或从事某种活动的权利。

第 125 条　见危不救

明知他人处于有生命或健康危险的状况而且因为年幼、衰老、疾病或孤立无援而不能采取措施自救而不给予救助，如果犯罪人有可能对该人给予救助并对他负有照顾义务，或者是犯罪人自己使之处于有生命或健康危险的状态之中的，

处数额为 8 万卢布以下或被判刑人 6 个月以下的工资或其他收入的罚金；或处 120 小时以上 180 小时以下的强制性社会公益劳动；或处 1 年以下的劳动改造；或处 3 个月以下的拘役；或处 1 年以下的剥夺自由。

（本条由 2003 年 12 月 8 日第 162 号联邦法律修订）

分则·第七编 侵害人身的犯罪

第十七章　侵害自由、名誉和人格的犯罪

第 126 条　绑架

1. 绑架他人的,

处 4 年以上 8 年以下的剥夺自由。

2. 绑架而有下列情形之一的,

(1) 有预谋的团伙实施的;

(2)（失效）；

(本项由 2003 年 12 月 8 日第 162 号联邦法律删除)

(3) 使用危及生命或健康的暴力或以使用这种暴力相威胁实施的;

(本项由 1999 年 2 月 9 日第 24 号联邦法律修订)

(4) 使用武器或其他物品作为武器实施的;

(5) 对明知未成年的人实施的;

(6) 对犯罪人明知正在怀孕的妇女实施的;

(7) 对 2 人以上实施的;

(8) 出于贪利的动机实施的,

处 6 年以上 15 年以下的剥夺自由。

(本段由 1999 年 2 月 9 日第 24 号联邦法律修订)

3. 实施本条第 1 款或第 2 款规定的行为,而有下列情形之一的:

(1) 有组织的集团实施的;

(2)（失效）；

(本项由 2003 年 12 月 8 日第 162 号联邦法律删除)

(3) 过失造成被害人死亡或造成其他严重后果的,

处 8 年以上 20 年以下的剥夺自由。

(本款由1999年2月9日第24号联邦法律修订)

附注:主动释放被绑架人的,如其行为不含有其他犯罪构成,可以免除刑事责任。

第127条　非法剥夺他人的自由

1. 非法剥夺他人自由而与绑架无关的,

处3年以下的限制自由;或处3个月以上6个月以下的拘役;或处2年以下的剥夺自由。

2. 上述行为,而有下列情形之一的:

(1) 有预谋的团伙实施的;

(2)(失效);

(本项由2003年12月8日第162号联邦法律删除)

(3) 使用危及生命或健康的暴力实施的;

(4) 使用武器或其他物品作为武器实施的;

(5) 对明知未成年的人实施的;

(6) 对犯罪人明知正在怀孕的妇女实施的;

(7) 对2人以上实施的,

处3年以上5年以下的剥夺自由。

3. 本条第1款或第2款规定的行为,如果是有组织的集团实施的,或者过失造成了被害人死亡或其他严重后果的,

处4年以上8年以下的剥夺自由。

第127-1条　贩卖人口

1. 贩卖人口,即以利用人口为目的而从事人口买卖或人口招募、运送、转交、藏匿或接收的,

处5年以下的剥夺自由。

2. 实施上述行为而有下列情形之一的:

(1) 对2人以上实施的;

(2) 对明知未成年的人实施的;

(3) 利用自己的职务地位实施的;

(4) 穿越俄罗斯联邦国家边界运送被害人或将被害人非法扣押在国外的;

(5) 利用伪造的文件,以及有夺取、隐藏或毁灭证明被害人身份的文件等情节的;

(6) 使用暴力或以使用暴力相威胁实施的;

（7）以摘取被害人的身体器官或组织为目的的，

处 3 年以上 10 年以下的剥夺自由。

3. 本条第 1 款或第 2 款规定的行为，有下列情形之一的：

（1）过失造成被害人死亡，造成被害人健康严重损害或其他严重后果的；

（2）使用危及众多人生命和健康的方式实施的；

（3）有组织的集团实施的，

处 8 年以上 15 年以下的剥夺自由。

附注：（1）初次实施本条第 1 款或第 2 款第 1 项所规定行为的人，主动释放被害人并协助揭露所实施犯罪的，如果其行为不含有其他犯罪构成，则免除刑事责任。

（2）本条中的利用是指利用他人从事卖淫和其他形式的性活动，迫使他人从事奴隶劳动（服务）或处于被奴役地位。

（本项由 2004 年 7 月 21 日第 73 号联邦法律修订）

（本条由 2003 年 12 月 8 日第 162 号联邦法律增补）

第 127-2 条 利用奴隶劳动

1. 对他人行使所有权而驱使其从事奴隶劳动，如果被害人由于其意志以外的原因而不能拒绝劳动（服务）的，

处 5 年以下的剥夺自由。

2. 上述行为，有下列情形之一的：

（1）对 2 人以上实施的；

（2）对明知未成年的人实施的；

（3）利用自己的职务地位实施的；

（4）使用恫吓、暴力或以使用暴力相威胁实施的；

（5）有夺取、隐藏或毁灭证明被害人身份的文件等情节的；

处 3 年以上 10 年以下的剥夺自由。

3. 本条第 1 款或第 2 款所规定的行为，因过失造成被害人死亡，造成被害人健康的严重损害或其他严重后果，或者是由有组织的集团施的，

处 8 年以上 15 年以下的剥夺自由。

（本条由 2003 年 12 月 8 日第 162 号联邦法律增补）

第 128 条 非法将他人送入精神病院

1. 非法将他人送入精神病院的，

处 3 年以下的剥夺自由。

2. 利用自己的职务地位实施上述行为的，或者因过失造成被害人死亡或其他严重后果的，

处 3 年以上 7 年以下的剥夺自由，并处或不并处 3 年以下剥夺担任一定职务或从事某种活动的权利。

第 129 条　诽谤

1. 诽谤，即散布明知是虚假的破坏他人名誉和人格或损害他人信誉的信息材料的，

处数额为 8 万卢布以下或被判刑人 6 个月以下的工资或其他收入的罚金；或处 120 小时以上 180 小时以下的强制性社会公益劳动；或处 1 年以下的劳动改造。

（本款由 2003 年 12 月 8 日第 162 号联邦法律修订）

2. 利用公开演讲、公开的作品或大众信息媒体进行诽谤的，

处数额为 12 万卢布以下或被判刑人 1 年以下的工资或其他收入的罚金；或处 180 小时以上 240 小时以下的强制性社会公益劳动；或处 1 年以上 2 年以下的劳动改造；或处 3 个月以上 6 个月以下的拘役。

（本款由 2003 年 12 月 8 日第 162 号联邦法律修订）

3. 诽谤他人实施严重犯罪或特别严重犯罪的，

处数额为 10 万卢布以上 30 万卢布以下或被判刑人 1 年以上 2 年以下的工资或其他收入的罚金；或处 3 年以下的限制自由；或处 4 个月以上 6 个月以下的拘役；或处 3 年以下的剥夺自由。

（本款由 2003 年 12 月 8 日第 162 号联邦法律修订）

第 130 条　侮辱

1. 侮辱，即以不体面的形式贬低他人的名誉和人格的，

处数额为 4 万卢布以下或被判刑人 3 个月以下的工资或其他收入的罚金；或处 120 小时以下的强制性社会公益劳动；或处 6 个月以下的劳动改造。

（本款由 2003 年 12 月 8 日第 162 号联邦法律修订）

2. 利用公开演讲、公开的作品或大众信息媒体进行侮辱的，

处数额为 8 万卢布以下或被判刑人 6 个月以下的工资或其他收入的罚金；或处 180 小时以下的强制性社会公益劳动；或处 1 年以下的劳动改造。

（本款由 2003 年 12 月 8 日第 162 号联邦法律修订）

分则·第七编 侵害人身的犯罪

第十八章 侵害性不受侵犯权和个人性自由的犯罪

第 131 条　强奸

1. 强奸，即对被害人或他人使用暴力或以使用暴力相威胁，或利用被害人孤立无援的状态而与妇女实行性交的，

处 3 年以下 6 年以上的剥夺自由。

2. 强奸而有下列情形之一的：

（1）（失效）；

（本项由 2003 年 12 月 8 日第 162 号联邦法律删除）

（2）团伙、有预谋的团伙或有组织的集团实施的；

（3）以杀死或严重损害健康相威胁实施的，以及对被害人或其他人使用特别残忍的手段实施的；

（4）使被害人染上花柳病的；

（5）对明知未成年的人实施的，

处 4 年以上 10 年以下的剥夺自由。

3. 强奸而有下列情形之一的：

（1）过失造成被害人死亡的；

（2）过失造成被害人健康严重损害的，使被害人染上艾滋病或造成其他严重后果的；

（3）对明知未满 14 岁的被害人实施的，

处 8 年以上 15 年以下的剥夺自由。

第 132 条　暴力性行为

1. 对男或女被害人或其他人使用暴力或以使用暴力相威胁，或利用男或女被害人孤立无援的状态而与之实行同性性交或其他性行为的，

处 3 年以上 6 年以下的剥夺自由。

2. 实施上述行为而有下列情形之一的：

（1）（失效）；

（本款由 2003 年 12 月 8 日第 162 号联邦法律删除）

（2）团伙、有预谋的团伙或有组织的集团实施的；

（3）以杀死或严重损害健康相威胁实施的，以及对被害人或其他人使用特别残忍的手段实施的；

（4）使被害人染上花柳病的；

（5）对明知未成年的人实施的，

处 4 年以上 10 年以下的剥夺自由。

3. 本条第 1 款或第 2 款规定的行为，有下列情形之一的：

（1）过失造成被害人死亡的；

（2）过失造成被害人健康严重损害的，或者使被害人染上艾滋病或造成其他严重后果的；

（3）对明知未满 14 岁的人实施的，

处 8 年以上 15 年以下的剥夺自由。

第 133 条 强迫进行性行为

采取恐吓、以毁灭、损坏或夺走财产相威胁，或利用被害人在物质上或其他方面处于依赖从属地位而强迫其进行性交、同性性交或进行其他性行为的，

处数额为 12 万卢布以下或被判刑人 1 年以下的工资或其他收入的罚金；或处 2 年以下的劳动改造；或处 1 年以下的剥夺自由。

（本条由 2003 年 12 月 8 日第 162 号联邦法律修订）

第 134 条 与未满 16 岁的人实行性交和其他性行为

（本条题目由 2003 年 12 月 8 日第 162 号联邦法律修订）

年满 18 岁的人与明知未满 16 岁的人实行性交、同性性交的，

（本段由 2003 年 12 月 8 日第 162 号联邦法律修订）

处 3 年以下的限制自由或处 4 年以下的剥夺自由。

第 135 条 猥亵行为

年满 18 岁的人不使用暴力而对明知未满 16 岁的人实施猥亵行为的，

处数额为 30 万卢布以下或被判刑人 2 年以下的工资或其他收入的罚金；或处 2 年以下的限制自由；或处 3 年以下的剥夺自由。

（本条由 2003 年 12 月 8 日第 162 号联邦法律、2004 年 7 月 21 日第 73 号联邦法律修订）

分则·第七编 侵害人身的犯罪

第十九章 侵害人和公民的宪法权利和自由的犯罪

第136条 侵犯人和公民权利与自由的平等

1. 歧视，即因性别、种族、民族、语言、出身、财产状况和职务地位、居住地、对宗教的态度、信仰、社会团体或任何社会集团属性而侵犯人和公民的权利、自由和合法利益的，

处数额为20万卢布以下或被判刑人18个月以下的工资或其他收入的罚金；或处180小时以下的强制性社会公益劳动；或处1年以下的劳动改造；或处2年以下的剥夺自由。

2. 利用自己的职务地位实施上述行为的，

处数额为10万卢布以上30万卢布以下或被判刑人1年以上2年以下的工资或其他收入的罚金；或处5年以下剥夺担任一定职务或从事某种活动的权利；或处120小时以上240小时以下的强制性社会公益劳动；或处1年以上2年以下的劳动改造；或处5年以下的剥夺自由。

（本条由2003年12月8日第162号联邦法律修订）

第137条 侵害私生活不受侵犯权

1. 未经本人同意，非法搜集或散布构成他人个人或家庭秘密的信息材料的，或者在公开演讲、公开作品或利用大众信息媒体散布这些材料的，

处数额为20万卢布以下或被判刑人18个月以下的工资或其他收入的罚金；或处120小时以上180小时以下的强制性社会公益劳动；或处1年以下的劳动改造；或处4个月以下的拘役。

（本款由2003年12月8日第162号联邦法律修订）

2. 利用自己的职务地位实施上述行为的，

处数额为10万卢布以上30万卢布以下或被判刑人1年以上2年以下的工

资或其他收入的罚金;或处2年以上5年以下剥夺担任一定职务或从事某种活动的权利;或处4个月以上6个月以下的拘役。

(本款由2003年12月8日第162号联邦法律修订)

第138条 侵害通信、电话、邮政、电报或其他通讯秘密

1. 侵害公民的通信、电话、邮政、电报或其他通讯秘密的,

处数额为8万卢布以下或被判刑人6个月以下的工资或其他收入的罚金;或处120小时以上180小时以下的强制性社会公益劳动;或处1年以下的劳动改造。

(本款由2003年12月8日第162号联邦法律修订)

2. 利用自己的职务地位或采用秘密获取信息的专门技术手段实施上述行为的,

处数额为10万卢布以上30万卢布以下或被判刑人1年以上2年以下的工资或其他收入的罚金;或处2年以上5年以下剥夺担任一定职务或从事某种活动的权利;或处180小时以上240小时以下的强制性社会公益劳动;或处2个月以上4个月以下的拘役。

(本款由2003年12月8日第162号联邦法律修订)

3. 非法生产、销售或以销售为目的购买用于秘密获取信息的专门技术设备的,

处数额为20万卢布以下或被判刑人18个月以下的工资或其他收入的罚金;或处3年以下的限制自由,并处2年以上5年以下剥夺担任一定职务或从事某种活动的权利。

(本款由2003年12月8日第162号联邦法律修订)

第139条 侵害住宅不受侵犯权

1. 违背居住人的意志非法进入住宅的,

处数额为4万卢布以下或被判刑人3个月以下的工资或其他收入的罚金;或处120小时以上180小时以下的强制性社会公益劳动;或处1年以下的劳动改造;或处3个月以下的拘役。

(本款由2003年12月8日第162号联邦法律修订)

2. 使用暴力或以使用暴力相威胁实施上述行为的,

处数额为20万卢布以下或被判刑人18个月以下的工资或其他收入的罚金;或处2年以下的剥夺自由。

(本款由2003年12月8日第162号联邦法律修订)

3. 利用自己的职务地位实施本条第 1 款或第 2 款规定的行为的,

处数额为 10 万卢布以上 30 万卢布以下或被判刑人 1 年以上 2 年以下的工资或其他收入的罚金;或处 2 年以上 5 年以下剥夺担任一定职务或从事某种活动的权利;或处 2 个月以上 4 个月以下的拘役;或处 3 年以下的剥夺自由。

(本款由 2003 年 12 月 8 日第 162 号联邦法律修订)

附注:本条中以及本法典其他条款中的住宅,是指包括居住用房或非居住用房的单独房屋、任何所有制形式的适于经常或临时居住的住房以及不属于住房但用于临时居住的其他房屋或建筑物。

(本附注由 2001 年 3 月 20 日第 26 号联邦法律增补)

第 140 条 拒绝向公民提供信息

公职人员非法拒绝向公民提供按规定程序搜集到的、直接涉及公民权利和自由的文件和材料,或者向公民提供不完全的或明知是虚假的信息,如果这些行为给公民的权利和合法利益造成损害的,

处数额为 20 万卢布以下或被判刑人 18 个月以下的工资或其他收入的罚金;或处 2 年以上 5 年以下剥夺担任一定职务或从事某种活动的权利。

(本条由 2003 年 12 月 8 日第 162 号联邦法律修订)

第 141 条 妨碍行使选举权或妨碍选举委员会的工作

1. 妨碍公民自由行使选举权或参加全民公决的权利,破坏投票秘密,以及妨碍选举委员会、全民公决委员会的工作,或者妨碍选举委员会委员或全民公决委员会委员与履行其职务有关的活动的,

处数额为 4 万卢布以下或被判刑人 3 个月以下的工资或其他收入的罚金;或处 120 小时以上 180 小时以下的强制性社会公益劳动;或处 1 年以下的劳动改造。

(本款由 2003 年 7 月 4 日第 94 号联邦法律、2003 年 12 月 8 日第 162 号联邦法律修订)

2. 实施上述行为而有下列情形之一的:

(1) 以收买、欺骗、强迫、使用暴力或以暴力相威胁实施的;

(本项由 2003 年 7 月 4 日第 94 号联邦法律修订)

(2) 利用自己的职务地位实施的;

(3) 有预谋的团伙或有组织的集团实施的,

处数额为 20 万卢布以下或被判刑人 18 个月以下的工资或其他收入的罚金;或处 1 年以上 2 年以下的劳动改造;或处 6 个月以下的拘役;或处 5 年以下

的剥夺自由。

3. 利用职务地位干涉选举委员会、全民公决委员会行使选举立法和全民公决立法规定的权限，以影响选举委员会、全民公决委员会作出决定，即公职人员就候选人登记、选举集团登记①、选票统计、全民公决参加人登记以及就其他涉及选举委员会、全民公决委员会专属权限的问题提出要求或指示，以及非法干涉俄罗斯联邦国家"选举"自动化系统的工作的，

处数额为10万卢布以上30万卢布以下或被判刑人1年以上2年以下的工资或其他收入的罚金；或处4年以下的剥夺自由，并处或不并处数额为8万卢布以下或被判刑人6个月以下的工资或其他收入的罚金。

（本款由2003年7月4日第94号联邦法律、2003年12月8日第162号联邦法律增补）

第141-1条 破坏候选人竞选委员会、选举联合会、选举集团②、全民公决倡议小组、其他全民公决参加人团体的财政拨款程序

1. 为了达到一定的选举结果，不通过有关的选举基金会，向候选人、选举联合会交付巨额金钱的；或者为了达到一定的选举结果而花费未列入选举基金的巨额金钱的；或者为了达到一定的选举结果向候选人、选举联合会交付巨额物质财产而不由相应选举基金会付款或者由选举基金会按不合理低价付款的；或者为了达到一定的全民公决结果，不通过相应全民公决基金会，而向全民公决倡议小组交付巨额金钱的；或者为了达到一定的全民公决结果而花费未列入相应全民公决基金的巨额金钱的；或者为了达到一定的全民公决结果而向全民公决倡议小组、其他全民公决参加人团体交付巨额物质财产而不由相应全民公决基金会的资金予以补偿的；或者不由相应全民公决基金付款或者由全民公决基金会按不合理低价付款而使用巨额金钱完成有偿工作、销售商品、提供有偿服务，而工作、商品、服务直接或间接与全民公决有关，其目的是提出全民公决倡议、达到一定的全民公决结果的；以及通过冒名人向选举基金会、全民公决基金会大额捐款的，

（本段由2005年7月21日第93号联邦法律修订）

处10万卢布以上30万卢布以下或被判刑人1年以上2年以下的工资或其他收入的罚金，或处180小时以下的强制性社会公益劳动，或处1年以下的劳动改造，或处1年以下的剥夺自由。

---

① 自2011年8月6日起。"选举集团"将被删除——2005年7月21日第93号联邦法律。
② 同上。

（本款由 2003 年 12 月 8 日第 162 号联邦法律修订）

2. 候选人、候选人的财政问题代表、选举联合会和选举集团的财政问题代表为候选人、选举联合会、选举集团①开展竞选运动而利用有关选举基金外的大额财政（物质）支持的；全民公决倡议小组、全民公决其他参加人集团的财政问题代表为了提出全民公决倡议、取得一定的全民公决结果而利用有关全民公决基金外的大额财政（物质）支持的；以及大额花费选举立法和全民公决立法禁止的已经划入选举专用账户、全民公决专用账户的捐款的，

（本段由 2005 年 7 月 21 日第 93 号联邦法律修订）

处数额为 10 万卢布以上 50 万卢布以下或被判刑人 1 年以上 3 年以下的工资或其他收入的罚金；或处 1 年以上 5 年以下剥夺担任一定职务或从事某种活动的权利；或处 180 小时以上 240 小时以下的强制性社会公益劳动；或处 1 年以上 2 年以下的劳动改造；或处 2 年以下的剥夺自由。

（本款由 2003 年 12 月 8 日第 162 号联邦法律修订）

附注：本条中的大额是指资金的数额、财产的或财产性利益的价值分别超过实施本条所规定行为之时选举立法和全民公决立法规定的候选人、选举联合会、选举集团②、全民公决基金全部支出最高限额的 1/10，但不少于 100 万卢布。

（本附注 2003 年 12 月 8 日第 162 号联邦法律修订）

（本条由 2003 年 7 月 4 日第 94 号联邦法律增补）

第 142 条　伪造选举证件、全民公决证件

1. 伪造选举证件、全民公决证件，如果这种行为是由选举委员会、全民公决委员会、全民公决倡议小组、全民公决其他参加人团体的成员以及候选人或候选人授权的代理人实施的，

处数额为 30 万卢布以下或被判刑人 2 年以下的工资或其他收入的罚金；或处 4 年以下的剥夺自由。

（本款由 2003 年 12 月 8 日第 162 号联邦法律修订）

2. 为支持候选人、选举联合会所提出的候选人名单、选举集团③的提名或全民公决倡议的提出而伪造候选人和全民公决参加人的签字、或者认证明知是伪造的签字（签字名单），如果是由有预谋的团伙或有组织的集团实施的，或者同时有收买、强迫、使用暴力或以使用暴力相威胁以及毁灭财产或以毁灭财产相威

---

① 自 2011 年 8 月 6 日起，"选举集团"将被删除——2005 年 7 月 21 日第 93 号联邦法律。
② 同上。
③ 同上。

胁等情节的，或者使对公民或组织权利和合法利益以及社会或国家受法律保护的利益受到重大损害的，

（本段由 2005 年 7 月 21 日第 93 号联邦法律修订）

处数额为 10 万卢布以上 50 万卢布以下或被判刑人 1 年以上 3 年以下的工资或其他收入的罚金；或处 2 年以上 5 年以下剥夺担任一定职务或从事某种活动的权利；或处 3 年以下的剥夺自由。

（本款由 2003 年 12 月 8 日第 162 号联邦法律修订）

3. 非法制作以及保管或运送非法制作的选票、全民公决票的，

处数额为 10 万卢布以上 50 万卢布以下或被判刑人 1 年以上 3 年以下的工资或其他收入的罚金；或处 3 年以下的剥夺自由。

（本款由 2003 年 12 月 8 日第 162 号联邦法律修订）

（本条由 2003 年 7 月 4 日第 94 号联邦法律修订）

第 142-1 条　伪造选举结果

将未经登记的选票计入投票时已使用的选票数的，或者提供明知是虚假的关于选民、全民公决参加人的信息材料的，将没有选举权的人、全民公决权的人或虚构的人列入选民名单和列入全民公决参加人名单从而故意不正确编制选民名单、全民公决参加人名单的，或者在有效选票上加注选民、全民公决参加人从而替换有效选票的，或者损坏选票，导致不能确定选民、公民公决参加人的意思表示的，或者非法销毁选票的，或者故意不正确计算选票和全民公决投票结果的，或者选举委员会委员、全民公决委员会委员在选票、全民公决结果计算前就签字确认的，或者故意不正确（不符合投票的实际结果）制作投票结果记录表的，或者在投票结果记录表填写之后非法进行修改的，或者故意不正确确定投票结果、故意不正确确定全民公决结果的，

处数额为 10 万卢布以上 30 万卢布以下或被判刑人 1 年以上 2 年以下的工资或其他收入的罚金；或处 4 年以下的剥夺自由。

（本条由 2003 年 7 月 4 日第 94 号联邦法律增补，2003 年 12 月 8 日第 162 号联邦法律修订）

第 143 条　违反劳动保护规则

1. 对遵守劳动保护规则负有责任的人违反安全技术规则或其他劳动保护规则，如果这种行为过失造成人员健康的严重损害的，

处数额为 20 万卢布以下或被判刑人 18 个月以下的工资或其他收入的罚金；或处 2 年以下的劳动改造；或处 1 年以下的剥夺自由。

(本款由 2003 年 12 月 8 日第 162 号联邦法律修订)

2. 上述行为,过失造成人员死亡的,

处 3 年以下的剥夺自由,并处或不并处 3 年以下剥夺担任一定职务或从事某种活动的权利。

(本款由 2003 年 12 月 8 日第 162 号联邦法律修订)

第 144 条 妨碍记者进行合法的职业活动

1. 采取强迫记者传播或强迫记者放弃传播信息的方式妨碍记者进行合法的职业活动的,

处数额为 8 万卢布以下或被判刑人 6 个月以下的工资或其他收入的罚金;或处 180 小时以下的强制性社会公益劳动;或处 1 年以下的劳动改造。

(本款由 2003 年 12 月 8 日第 162 号联邦法律修订)

2. 利用自己的职务地位实施上述行为的,

处数额为 10 万卢布以上 30 万卢布以下或被判刑人 1 年以上 2 年以下的工资或其他收入的罚金;或处 2 年以下的劳动改造;或处 2 年以下的剥夺自由,并处或不并处 3 年以下剥夺担任一定职务或从事某种活动的权利。

(本款由 2003 年 12 月 8 日第 162 号联邦法律修订)

第 145 条 无理拒绝录用或无理辞退怀孕妇女或有 3 岁以下子女的妇女

以妇女怀孕为由无理拒绝录用或无理辞退妇女,以及以有 3 岁以下子女为由无理拒绝录用或无理辞退妇女的,

处数额为 20 万卢布以下或被判刑人 18 个月以下的工资或其他收入的罚金;或处 120 小时以上 180 小时以下的强制性社会公益劳动。

(本条由 2003 年 12 月 8 日第 162 号联邦法律修订)

第 145-1 条 不支付工资、养老金、奖学金、补助金和其他款项

1. 超过 2 个月不支付工资、养老金、奖学金、补助金和法律规定的其他款项,如果是由组织的领导人、作为雇主的自然人出于贪利动机或其他个人利害关系而实施的,

处数额为 8 万卢布以下或被判刑人 6 个月以下的工资或其他收入的罚金;或处 5 年以下剥夺担任一定职务或从事某种活动的权利;或处 2 年以下的剥夺自由。

2. 上述行为造成严重后果的,

处数额为 10 万卢布以上 50 万卢布以下或被判刑人 1 年以上 3 年以下的工资或其他收入的罚金;或处 3 年以上 7 年以下的剥夺自由,并处或不并处 3 年以

下剥夺担任一定职务或从事某种活动的权利。

（本条由1999年3月15日第48号联邦法律增补，2007年7月24日第203号联邦法律修订）

第146条 侵犯著作权和邻接权

1. 侵犯著作权（剽窃他人作品），如果这种行为给作者或其他权利持有人造成重大损失的，

处数额为20万卢布以下或被判刑人18个月以下的工资或其他收入的罚金；或处180小时以上240小时以下的强制性公益劳动；或处3个月以上6个月以下的拘役。

（本款由2003年12月8日第162号联邦法律修订）

2. 非法利用著作权或邻接权的客体，以及以销售为目的购买、保管、运送非法出版的作品或音像制品，数额巨大的，

处数额为20万卢布以下或被判刑人18个月以下的工资或其他收入的罚金；或处180小时以上240小时以下的强制性社会公益劳动；或处2年以下的剥夺自由。

（本款由2003年12月8日第162号联邦法律修订）

3. 本条第1款或第2款规定的行为而有下列情形之一的，

（1）（失效）；

（本项由2003年12月8日第162号联邦法律删除）

（2）有预谋的团伙或有组织的集团实施的；

（3）数额特别巨大的；

（4）利用自己的职务地位实施的，

处6年以下的剥夺自由，并处或不并处50万卢布以下或被判刑人3年以下的工资或其他收入的罚金。

（本款由2003年12月8日第162号联邦法律、2007年4月9日第42号联邦法律修订）

附注：本条所规定的行为，如果作品或音像制品的价值或使用著作权或邻接权客体的价值超过5万卢布的，是数额巨大，而超过25万卢布的，是数额特别巨大。

（本附注由2003年12月8日第162号联邦法律修订）

（本条由2003年4月8日第45号联邦法律修订）

第147条 侵犯发明权和专利权

1. 非法使用发明、实用新型或工业样品,未经发明人或专利持有人的同意泄露发明、实用新型、工业样品的秘密直至公开发表有关信息材料,剽窃他人发明或强迫参加共同发明,如果这些行为造成重大损失的,

处数额为20万卢布以下或被判刑人18个月以下的工资或其他收入的罚金;或处180小时以上240小时以下的强制性社会公益劳动;或处2年以下的剥夺自由。

(本款由2003年12月8日第162号联邦法律修订)

2. 有预谋的团伙或有组织的集团实施上述行为的,

处数额为10万卢布以上30万卢布以下或被判刑人1年以上2年以下的工资或其他收入的罚金;或处4个月以上6个月以下的拘役;或处5年以下的剥夺自由。

(本款由2003年12月8日第162号联邦法律修订)

第148条 妨碍行使信仰自由和宗教自由的权利

非法妨碍宗教组织的活动或非法妨碍举行宗教仪式的,

处数额为8万卢布以下或被判刑人6个月以下的工资或其他收入的罚金;或处1年以下的劳动改造;或处3个月以下的拘役。

(本条由2003年12月8日第162号联邦法律修订)

第149条 妨碍举行或妨碍参加集会、群众大会、游行、示威和纠察

非法妨碍举行或非法妨碍参加集会、群众大会、游行、示威和纠察,如果这种行为是公职人员利用自己的职务地位实施的,或者是使用暴力或以使用暴力相威胁实施的,

处数额为30万卢布以下或被判刑人2年以下的工资或其他收入的罚金;或处3年以下的剥夺自由,并处或不并处3年以下剥夺担任一定职务或从事某种活动的权利。

(本条由2003年12月8日第162号联邦法律修订)

分则·第七编 侵害人身的犯罪

第二十章　侵害家庭和未成年人的犯罪

第 150 条　引诱未成年人实施犯罪

1. 年满 18 岁的人采取允诺、欺骗、威胁或其他方式引诱未成年人实施犯罪的，

处 5 年以下的剥夺自由。

2. 上述行为，如果是父母、教师或依法对未成年人负有教养义务的人实施的，

处 6 年以下的剥夺自由，并处或不并处 3 年以下剥夺担任一定职务或从事某种活动的权利。

3. 使用暴力或以使用暴力相威胁实施本条第 1 款或第 2 款规定的行为的，

处 2 年以上 7 年以下的剥夺自由。

4. 实施本条第 1 款、第 2 款或第 3 款规定的行为，同时引诱未成年人参加犯罪集团或引诱未成年人实施严重犯罪或特别严重犯罪的，以及引诱未成年人出于政治的、意识形态的、种族的、民族的或宗教的仇恨或敌视的动机或出于对某一社会集团的或仇恨或敌视的动机实施犯罪的，

（本段由 2007 年 7 月 24 日第 211 号联邦法律修订）

处 5 年以上 8 年以下的剥夺自由。

第 151 条　引诱未成年人实施反社会行为

1. 年满 18 岁的人引诱未成年人经常饮用酒精饮料，吸食迷幻药物，从事流浪或行乞的，

处 180 小时以上 240 小时以下的强制性社会公益劳动；或处 1 年以上 2 年以下的劳动改造；或处 3 个月以上 6 个月以下的拘役；或处 4 年以下的剥夺自由。

(本款由 2003 年 12 月 8 日第 162 号联邦法律修订)

2. 上述行为,如果是父母、教师或依法对未成年人负有教养义务的人实施的,

处 3 年以下的限制自由;或处 4 个月以上 6 个月以下的拘役;或处 5 年以下的剥夺自由,并处或不并处 3 年以下剥夺担任一定职务或从事某种活动的权利。

5. 使用暴力或以使用暴力相威胁实施本条第 1 款或第 2 款规定的行为的,处 6 年以下的剥夺自由。

(本款由 2003 年 12 月 8 日第 162 号联邦法律修订)

附注:本条不适用于父母由于丧失生活来源或没有居住地而造成的生活困难的交迫而引诱未成年人从事流浪的情形。(2003 年 12 月 8 日第 162 号联邦法律增补)

第 152 条 买卖未成年人(失效)

(本条由 2003 年 12 月 8 日第 162 号联邦法律删除)

第 153 条 偷换婴儿

出于贪利的动机或其他卑鄙动机偷换婴儿的,

处 5 年以下的剥夺自由,并处 20 万卢布以下或被判刑人 18 个月以下的工资或其他收入的罚金。

(本条由 2003 年 12 月 8 日第 162 号联邦法律修订)

第 154 条 非法收养行为

非法收养儿童,非法将儿童交付他人监护(保护)、非法将儿童交给收养家庭教养,如果这些行为是多次实施的或出于贪利的动机实施的,①

处数额为 4 万卢布以下或被判刑人 3 个月以下的工资或其他收入的罚金;或处 1 年以下的劳动改造;或处 6 个月以下的拘役。

(本条由 2003 年 12 月 8 日第 162 号联邦法律修订)

第 155 条 泄露收养秘密

有义务将收养事实作为职务秘密或职业秘密加以保守的人违背收养人的意志泄露收养秘密的,或者其他人出于贪利的动机或其他卑鄙动机实施这种行为的,

处数额为 8 万卢布以下或被判刑人 6 个月以下的工资或其他收入的罚金;

---

① 原文如此。《俄罗斯联邦刑法典》此次修订时删除了第 16 条(多次犯罪),分则各条也作了相应的修改,但本条却仍然保留了"多次实施"的内容。——译者注

或处 1 年以下的劳动改造；或处 4 个月以下的拘役,并处或不并处 3 年以下剥夺担任一定职务或从事某种活动的权利。

（本条由 2003 年 12 月 8 日第 162 号联邦法律修订）

第 156 条 不履行对未成年人的教养义务

父母或对未成年人负有教养义务的其他人,以及教师或对未成年人负有监督义务的教育、教养、医疗或其他机构的工作人员,不履行或不正确履行对未成年人的教养义务并且虐待未成年人的,

处数额为 4 万卢布以下或被判刑人 3 个月以下的工资或其他收入的罚金；或处 3 年以下剥夺担任一定职务或从事某种活动的权利；或处 180 小时以下的强制性社会公益劳动；或处 1 年以下的劳动改造；或处 3 年以下的限制自由。

（本段由 2003 年 12 月 8 日第 162 号联邦法律修订）

第 157 条 恶意逃避支付供养子女或无劳动能力父母的费用

1. 父母恶意逃避依照法院判决给付未成年子女的抚养费,以及虽年满 18 岁,但无劳动能力的子女的抚养费用的,

处 120 小时以上 180 小时以下的强制性社会公益劳动；或处 1 年以下的劳动改造；或处 3 个月以下的拘役。

2. 有劳动能力的子女恶意逃避依照法院判决给付无劳动能力父母的赡养费用的,

处 120 小时以上 180 小时以下的强制性社会公益劳动；或处 1 年以下的劳动改造；或处 3 个月以下的拘役。

分则·第八编 经济领域的犯罪

第二十一章 侵犯所有权的犯罪

第158条 偷窃

1. 偷窃,即秘密侵占他人财产的,

处数额为8万卢布以下或被判刑人6个月以下的工资或其他收入的罚金;或处180小时以下的强制性社会公益劳动;或处6个月以上1年以下的劳动改造;或处2个月以上4个月以下的拘役;或处2年以下的剥夺自由。

2. 偷窃而有下列情形之一的:

(1) 有预谋的团伙实施的;

(2) 非法潜入房舍或其他贮藏处的;

(3) 给公民造成重大损失的;

(4) 从被害人的衣服、提包或其他手提物品中进行偷窃的,

处数额为20万卢布以下或被判刑人18个月以下的工资或其他收入的罚金;或处180小时以上240小时以下的强制性社会公益劳动;或处1年以上2年以下的劳动改造;或处5年以下的剥夺自由。

3. 偷窃而有下列情形之一的:

(1) 非法潜入住宅实施的;

(2) 从输油管、石油产品管线、天然气管道内实施偷窃的;

(3) 数额巨大的,

处数额为10万卢布以上50万卢布以下或被判刑人1年以上3年以下的工资或其他收入的罚金;或处2年以上6年以下的剥夺自由,并处或不并处数额为8万卢布以下或被判刑人6个月以下的工资或其他收入的罚金。

(本款由2006年12月30日第283号联邦法律修订)

4. 偷窃而有下列情形之一的:

（1）有组织的集团实施的；
（2）数额特别巨大的，

处5年以上10年以下的剥夺自由，并处或不并处100万卢布以下或被判刑人5年以下的工资或其他收入的罚金。

附注：

1. 本法典中所指的侵占是指出于贪利的目的非法无偿地取得他人财产和（或）为犯罪人或其他人的利益而非法无偿地利用他人财产，使该财产的所有权人或其他占有人遭受损失的行为。

2. 本章中对公民造成的重大损失根据公民的财产状况确定，但不得少于2500卢布。

3. 本章中的房舍是指用于人临时居留或为生产或其他服务目的存放物质财产的建筑物或构筑物，而不论其所有制形式如何。

本章中的贮藏处是指独立于生活用房的、长期或临时用于保管物质财产的经营用房、地段、管道、其他构筑物，而不论其所有制形式如何。

（本段由2006年12月30日第283号联邦法律修订）

4. 本章中的数额巨大是指财产的价值超过25万卢布，而数额特别巨大是指财产的价值超过100万卢布。

（本条由2003年12月8日第162号联邦法律修订）

第159条　诈骗

1. 诈骗，即以欺骗或滥用信任的方法侵占他人财产或取得他人财产权利的，

处数额为12万卢布以下或被判刑人1年以下的工资或其他收入的罚金；或处180小时以下的强制性社会公益劳动；或处6个月以上1年以下的劳动改造；或处2个月以上4个月以下的拘役；或处2年以下的剥夺自由。

2. 诈骗，如果是有预谋的团伙实施的或者给公民造成重大损失的，

处数额为30万卢布以下或被判刑人2年以下的工资或其他收入的罚金；或处180小时以上240小时以下的强制性社会公益劳动；或处1年以上2年以下的劳动改造；或处5年以下的剥夺自由。

3. 诈骗，如果是利用自己的职务地位实施的或者数额巨大的，

处数额为10万卢布以上50万卢布以下或被判刑人1年以上3年以下的工资或其他收入的罚金；或处2年以上6年以下的剥夺自由，并处或不并处数额为1万卢布以下或被判刑人1个月以下的工资或其他收入的罚金。

4. 诈骗,如果是有组织的集团实施的或者数额特别巨大的,

处 5 年以上 10 年以下的剥夺自由,并处或不并处 100 万卢布以下或被判刑人 3 年以下的工资或其他收入的罚金。

(本条由 2003 年 12 月 8 日第 162 号联邦法律修订)

第 160 条 侵吞或盗用

1. 侵吞或盗用,即侵占他人托付给犯罪人的财产的,

处数额为 12 万卢布以下或被判刑人 1 年以下的工资或其他收入的罚金;或处 120 小时以下的强制性社会公益劳动;或处 6 个月以下的劳动改造;或处 2 年以下的剥夺自由。

2. 上述行为,如果是有预谋的团伙实施的或者给公民造成重大损失的,

处数额为 30 万卢布以下或被判刑人 2 年以下的工资或其他收入的罚金;或处 180 小时以下的强制性社会公益劳动;或处 1 年以下的劳动改造;或处 5 年以下的剥夺自由。

3. 上述行为,如果是利用自己的职务地位实施的或者数额巨大的,

处数额为 10 万卢布以上 50 万卢布以下或被判刑人 1 年以上 3 年以下的工资或其他收入的罚金;或处 5 年以下剥夺担任一定职务或从事某种活动的权利;或处 2 年以上 6 年以下的剥夺自由,并处或不并处 1 万卢布以下或被判刑人 1 个月以下的工资或其他收入的罚金。

4. 本条第 1 款、第 2 款或第 3 款所规定的行为,如果是有组织的集团实施的或者数额特别巨大的,

处 5 年以上 10 年以下的剥夺自由,并处或不并处数额为 100 万卢布以下或被判刑人 3 年以下的工资或其他收入的罚金。

(本条由 2003 年 12 月 8 日第 162 号联邦法律修订)

第 161 条 抢夺

1. 抢夺,即公开夺取他人财产的,

处 1 年以上 2 年以下的劳动改造;或处 4 个月以上 6 个月以下的拘役;或处 4 年以下的剥夺自由。

2. 抢夺而有下列情形之一的,

(1) 有预谋的团伙实施的;

(2)(失效);

(本项由 2003 年 12 月 8 日第 162 号联邦法律删除)

(3) 非法潜入住宅、房舍或其他贮藏处的;

（4）使用不危及生命或健康的暴力，或以使用这种暴力相威胁的；

（5）数额巨大的，

（本项由 2003 年 12 月 8 日第 162 号联邦法律修订）

处 2 年以上 7 年以下的剥夺自由，并处或不并处数额为 1 万卢布以下或被判刑人 1 个月以下的工资或其他收入的罚金。

（本款由 2003 年 12 月 8 日第 162 号联邦法律修订）

3. 抢夺而有下列情形之一的：

（1）有组织的集团实施的；

（2）数额特别巨大的；

（3）（失效），

（本项由 2003 年 12 月 8 日第 162 号联邦法律删除）

处 6 年以上 12 年以下的剥夺自由，并处或不并处数额为 100 万卢布以下或被判刑人 5 年以下的工资或其他收入的罚金。

（本款由 2003 年 12 月 8 日第 162 号联邦法律修订）

第 162 条 抢劫

1. 抢劫，即以侵占他人财产为目的，使用危及生命或健康的暴力，或以使用这种暴力相威胁而实施侵袭行为的，

处 3 年以上 8 年以下的剥夺自由，并处或不并处数额为 50 万卢布以下或被判刑人 3 年以下的工资或其他收入的罚金。

2. 抢劫，如果是有预谋的团伙实施的或者使用武器或使用其他物品作为武器实施的，

处 5 年以上 10 年以下的剥夺自由，并处或不并处数额为 100 万卢布以下或被判刑人 5 年以下的工资或其他收入的罚金。

（本款由 2004 年 7 月 21 日第 73 号联邦法律修订）

3. 抢劫，非法潜入住宅、房舍或其他贮藏处实施的或者数额巨大的，

处 7 年以上 12 年以下的剥夺自由，并处或不并处数额为 100 万卢布以下或被判刑人 5 年以下的工资或其他收入的罚金。

4. 抢劫，而有下列情形之一的：

（1）有组织的集团实施的；

（2）以侵占巨额财产为目的实施的；

（3）造成被害人健康严重损害的，

处 8 年以上 15 年以下的剥夺自由，并处或不并处数额为 100 万卢布以下或

被判刑人5年以下的工资或其他收入的罚金。

（本条由2003年12月8日第162号联邦法律修订）

第163条 勒索

1. 勒索，即以使用暴力或以毁灭或损坏他人财产相威胁，以及以散布侮辱被害人或其亲属的材料或散布可能使被害人或其亲属的权利或合法利益受到严重损害的其他材料相威胁，要求交付其财产或财产权或实施财产性质的其他行为的，

处3年以下的限制自由；或处6个月以下的拘役；或处4年以下的剥夺自由，并处或不并处数额为8万卢布以下或被判刑人6个月以下的工资或其他收入的罚金。

（本款由2003年12月8日第162号联邦法律修订）

2. 勒索而有下列情形之一的：

（1）有预谋的团伙实施的；

（2）（失效）；

（本项由2003年12月8日第162号联邦法律删除）

（3）使用暴力的；

（本项由2003年12月8日第162号联邦法律修订）

（4）数额巨大的，

（本项由2003年12月8日第162号联邦法律增补）

处3年以上7年以下的剥夺自由，并处或不并处数额为50万卢布以下或被判刑人3年以下的工资或其他收入的罚金。

（本款由2003年12月8日第162号联邦法律修订）

3. 勒索而有下列情形之一的：

（1）有组织的集团实施的；

（2）以获取巨额财产为目的的；

（本项由2003年12月8日第162号联邦法律修订）

（3）对被害人的健康造成严重损害的；

（本项由2003年12月8日第162号联邦法律修订）

（4）（失效），

（本项由2003年12月8日第162号联邦法律删除）

处7年以上15年以下的剥夺自由，并处或不并处数额为100万卢布以下或被判刑人5年以下的工资或其他收入的罚金。

（本款由 2003 年 12 月 8 日第 162 号联邦法律修订）

第 164 条 侵占具有特殊价值的物品

1. 以任何手段侵占具有特殊的历史、科学、艺术或文化价值的物品或文件的，

处 6 年以上 10 年以下的剥夺自由，并处或不并处数额为 50 万卢布以下或被判刑人 3 年以下的工资或其他收入的罚金。

（本款由 2003 年 12 月 8 日第 162 号联邦法律修订）

2. 上述行为，有下列情形之一的：

（1）有预谋的团伙或有组织的集团实施的；

（2）（失效）；(2003 年 12 月 8 日第 162 号联邦法律删除）

（3）使本条第 1 款所列的物品或文件遭到灭失、污损或毁坏的，

处 8 年以上 15 年以下的剥夺自由，并处或不并处 50 万卢布以下或被判刑人 3 年以下的工资或其他收入的罚金。

（本款由 2003 年 12 月 8 日第 162 号联邦法律修订）

第 165 条 以欺骗或滥用信任的手段造成财产损失

1. 以欺骗或滥用信任的手段使财产所有权人或其他占有人受到财产损失，但无侵占财产罪要件的，

处数额为 8 万卢布以下或被判刑人 2 个月以下的工资或其他收入的罚金；或处 120 小时以上 180 小时以下的强制性社会公益劳动；或处 1 年以下的劳动改造；或处 4 个月以下的拘役；或处 2 年以下的剥夺自由。

（本款由 2003 年 12 月 8 日第 162 号联邦法律、2004 年 7 月 21 日第 73 号联邦法律修订）

2. 上述行为，有预谋的团伙实施的或数额巨大的，

（本段由 2003 年 12 月 8 日第 162 号联邦法律修订）

处数额为 10 万卢布以上 30 万卢布以下或被判刑人 1 年以上 2 年以下的工资或其他收入的罚金；或处 3 年以下的剥夺自由，并处或不并处数额 8 万卢布以下或被判刑人 6 个月以下的工资或其他收入的罚金。

（本款由 2003 年 12 月 8 日第 162 号联邦法律修订）

3. 本条第 1 款或第 2 款所规定的行为，有下列情形之一的：

（1）有组织的集团实施的；

（2）造成特别巨大损失的，

（本项由 2003 年 12 月 8 日第 162 号联邦法律修订）

（3）（失效），

（本项由2003年12月8日第162号联邦法律删除）

处5年以下的剥夺自由，并处或不并处数额8万卢布以下或被判刑人6个月以下的工资或其他收入的罚金。

（本款由2003年12月8日第162号联邦法律修订）

第166条 没有盗窃目的的不正当侵占汽车或其他运输工具

1. 没有盗窃目的的不正当侵占（偷开）汽车或其他运输工具的，

处数额为12万卢布以下或被判刑人1年以下的工资或其他收入的罚金；或处3年以下的限制自由；或处3个月以上6个月以下的拘役；或处5年以下的剥夺自由。

（本款由2003年12月8日第162号联邦法律修订）

2. 上述行为，有下列情形之一的：

（1）有预谋的团伙实施的；

（2）（失效）；

（本项由2003年12月8日第162号联邦法律删除）

（3）使用不危及生命或健康的暴力，或以使用此种暴力相威胁实施的，

处数额为20万卢布以下或被判刑人18个月以下的工资或其他收入的罚金；或处7年以下的剥夺自由。

（本款由2003年12月8日第162号联邦法律修订）

3. 本条第1款或第2款所规定的行为，由有组织的集团实施的或造成特别巨大损失的，

处5年以上10年以下的剥夺自由。

（本款由2003年12月8日第162号联邦法律修订）

4. 本条第1款、第2款、第3款所规定的行为，使用危及生命或健康的暴力，或以使用这种暴力相威胁实施的，

处6年以上12年以下的剥夺自由。

第167条 故意毁灭或损坏财产

1. 故意毁灭或损坏他人的财产并造成重大损失的，

处数额为4万卢布以下或被判刑人3个月以下的工资或其他收入的罚金；或处100小时以上180小时以下的强制性社会公益劳动；或处1年以下的劳动改造；或处3个月以下的拘役；或处2年以下的剥夺自由。

（本款由2003年12月8日第162号联邦法律修订）

2. 出于流氓动机使用纵火、爆炸或其他危害公众的手段实施上述行为的,或过失致人死亡或造成其他严重后果的,

处 5 年以下的剥夺自由。

(本款由 2003 年 12 月 8 日第 162 号联邦法律修订)

第 168 条 过失毁灭或损坏财产

由于对火或其他高度危险源采取疏忽态度而过失造成他人财产毁灭或损失且数额巨大的,

处数额为 12 万卢布以下或被判刑人 1 年以下的工资或其他收入的罚金;或处 1 年以上 2 年以下的劳动改造;或处 3 年以下的限制自由;或处 1 年以下的剥夺自由。

(本条由 2003 年 12 月 8 日第 162 号联邦法律修订)

分则·第八编 经济领域的犯罪

第二十二章　经济活动领域的犯罪

第169条　妨碍合法经营活动或其他活动

（本条题目由2002年6月25日第72号联邦法律修订）

1. 不正当地拒绝给个体经营者或商业组织进行国家注册，或逃避给它们注册，不正当地拒绝发给从事某种活动的专门许可证（执照）或逃避发给这种证件，根据其组织法律形式限制个体经营者或商业组织的权利和合法利益，以及非法限制个体经营者或商业组织的自主权，或以其他方式非法干涉个体经营者或法人的活动，如果这些行为是公职人员利用其职务地位实施的，(2002年6月25日第72号联邦法律修订）

处数额为20万卢布以下或被判刑人18个月以下的工资或其他收入的罚金；或处3年以下剥夺担任一定职务或从事某种活动的权利，并处数额为8万卢布以下或被判刑人6个月以下的工资或其他收入的罚金；或处120小时以上180小时以下的强制性社会公益劳动。

（本款由2003年12月8日第162号联邦法律修订）

2. 违反已产生法律效力的法院裁判实施上述行为，以及造成巨大损失的，

处5年以下剥夺担任一定职务或从事某种活动的权利，并处数额8万卢布以下或被判刑人6个月以下的工资或其他收入的罚金；或处180小时以上240小时以下的强制性社会公益劳动；或处4个月以上6个月以下的拘役；或处2年以下的剥夺自由。

（本款由2003年12月8日第162号联邦法律修订）

附注：除第174条、第174-1条、第178条、第185条、第185-1条、第193条、第194条、第198条、第199条和第199-1条外，在本章各条中的数额巨大、损失巨大、收入或欠款数额巨大是指价值、损失、收入或欠款超过25万卢布，而数额

特别巨大,是指超过 100 万卢布。

（本附注由 2003 年 12 月 8 日第 162 号联邦法律修订）

第 170 条 登记非法的土地契约

登记明知非法的土地契约,歪曲《国家地籍簿》的统计数据,以及故意减低土地使用费数额,如果这些行为是公职人员出于贪利动机或其他个人利害关系而利用其职务地位实施的,

处数额为 8 万卢布以下或被判刑人 6 个月以下的工资或其他收入的罚金；或处 3 年以下剥夺担任一定职务或从事某种活动的权利；或处 120 小时以上 180 小时以下的强制性社会公益劳动。

（本条由 2003 年 12 月 8 日第 162 号联邦法律修订）

第 171 条 非法经营

1. 未经注册或违反注册规则,以及向进行法人注册的国家机关提交明知虚假的材料,或在必须领取专门许可证（执照）时没有这种许可证,或违反许可证的要求和条件而从事经营活动,如果这种行为对公民、组织或国家造成巨大损失,或同时获得巨额收入的,

（本段由 2002 年 6 月 25 日第 72 号联邦法律修订）

处数额为 30 万卢布以下或被判刑人 2 年以下的工资或其他收入的罚金；或处 180 小时以上 240 小时以下的强制性社会公益劳动；或处 4 个月以上 6 个月以下的拘役。

（本款由 2003 年 3 月 11 日第 30 号联邦法律、2003 年 12 月 8 日第 162 号联邦法律修订）

2. 上述行为,有下列情形之一的：

（1）有组织的集团实施的；

（2）获得的收入数额特别巨大的；

（本项由 2003 年 12 月 8 日第 162 号联邦法律修订）

（3）失效,

（本项由 2003 年 12 月 8 日第 162 号联邦法律修订）

处数额为 10 万卢布以上 50 万卢布以下或被判刑人 1 年以上 3 年以下的工资或其他收入的罚金；或处 5 年以下的剥夺自由,并处或不并处数额为 8 万卢布以下或被判刑人 6 个月以下的工资或其他收入的罚金。

（本款由 2003 年 12 月 8 日第 162 号联邦法律修订）

附注：失效。

(本附注由 2004 年 7 月 21 日第 73 号联邦法律删除)

第 171-1 条 生产、购买、保管、运送或销售无标识商品或产品

1. 商品和产品必须具有消费税商标、专门标识或防伪标志时,以销售为目的生产、购买、保管、运送以及销售没有这些标志的商品和产品,数额巨大的,

处数额为 20 万卢布以下或被判刑人 18 个月以下的工资或其他收入的罚金;或处 3 年以下的剥夺自由并处数额为 8 万卢布以下或被判刑人 6 个月以下的工资或其他收入的罚金。

(本款由 2003 年 12 月 8 日第 162 号联邦法律修订)

2. 上述行为,而有下列情形之一的:

(1) 有组织的集团实施的;

(2)(失效);

(本项由 2003 年 12 月 8 日第 162 号联邦法律删除)

(3) 数额特别巨大的,

处数额为 10 万卢布以上 30 万卢布以下或被判刑人 1 年以上 2 年以下的工资或其他收入的罚金;或处 2 年以上 6 年以下的剥夺自由,并处或不并处数额为 100 万卢布以下或被判刑人 5 年以下的工资或其他收入的罚金。

(本款由 2003 年 12 月 8 日第 162 号联邦法律修订)

附注:失效。

(本附注由 2003 年 12 月 8 日第 162 号联邦法律删除)

(本条由 1999 年 7 月 9 日第 158 号联邦法律增补)

第 172 条 非法从事银行活动

1. 未经注册或在必须领取专门许可证(执照)时没有取得这种许可证(执照),或违反许可证的要求和条件而从事银行活动(银行业务),使公民、组织或国家遭受巨大损失,或同时获得巨额收入的,

处数额为 10 万卢布以上 30 万卢布以下或被判刑人 1 年以上 2 年以下的工资或其他收入的罚金;或处 4 年以下的剥夺自由,并处或不并处数额为 8 万卢布以下或被判刑人 6 个月以下的工资或其他收入的罚金。

(本款由 2003 年 3 月 11 日第 30 号联邦法律、2003 年 12 月 8 日第 162 号联邦法律修订)

2. 上述行为,有下列情形之一的:

(1) 有组织的集团实施的;

(2) 获得的收入数额特别巨大的;

（本项由 2003 年 12 月 8 日和 162 号联邦法律修订）

（3）（失效）。

（本项由 2003 年 12 月 8 日第 162 号联邦法律删除）

处 3 年以上 7 年以下的剥夺自由，并处或不并处数额为 100 万卢布以下或被判刑人 5 年以下的工资或其他收入的罚金。

（本款由 2003 年 12 月 8 日第 162 号联邦法律修订）

第 173 条　虚假经营活动

虚假经营活动，即没有从事经营活动或银行活动的意图，为了得到贷款，免予纳税，获取其他财产利益或掩盖被禁止的活动而建立商业组织，给公民、组织或国家造成巨大损失的，

处数额为 20 万卢布以下或被判刑人 18 个月以下的工资或其他收入的罚金；或处 4 年以下的剥夺自由，并处或不并处数额为 8 万卢布以下或被判刑人 6 个月以下的工资或其他收入的罚金。

（本条由 2003 年 12 月 8 日第 162 号联邦法律修订）

第 174 条　使他人通过犯罪手段取得的资金或其他财产合法化（洗钱）

1. 实施与明知是他人通过犯罪手段取得的资金和其他财产有关的金融业务和其他法律行为（除本法典第 193 条、第 194 条、第 198 条、第 199 条、第 199-1 条和第 199-2 条规定的犯罪除外），从而使对上述资金或其他财产的占有、使用和处分合法化的，

处数额为 20 万卢布以下或被判刑人 1 年以下的工资或其他收入的罚金。

2. 上述行为，数额巨大的，

处数额为 10 万卢布以上 30 万卢布以下或被判刑人 1 年以上 2 年以下的工资或其他收入的罚金；或处 4 年以下的剥夺自由，并处或不并处数额为 10 万卢布以下或被判刑人 6 个月以下的工资或其他收入的罚金。

3. 实施本条第 2 款规定的行为，有下列情形之一的：

（1）有预谋的团伙实施的；

（2）利用自己的职务地位实施的，

处 4 年以上 8 年以下的剥夺自由，并处或不并处 100 万卢布以下或被判刑人 5 年以下的工资或其他收入的罚金。

4. 有组织的集团实施本条第 2 款或第 3 款规定的行为的，

处 7 年以上 10 年以下的剥夺自由，并处或不并处数额为 100 万卢布以下或被判刑人 5 年以下的工资或其他收入的罚金。

（本款由 2004 年 7 月 21 日第 73 号联邦法律修订）

附注：本条中以及本法典第 174-1 条中与资金和其他财产有关的金融业务数额巨大是指与资金和其他财产有关的金融业务和其他业务金额超过 100 万卢布。

（本条 2003 年 12 月 8 日第 162 号联邦法律修订）

第 174-1 条 使本人通过犯罪取得的资金或其他财产合法化（洗钱）

1. 实施与本人通过犯罪手段取得的资金或其他财产有关的金融业务和其他法律行为（除本法典第 193 条、第 194 条、第 198 条、第 199 条、第 199-1 条和第 199-2 条规定的犯罪除外），或者利用上述资金或其他财产从事经营活动或其他经济活动的，

处数额为 12 万卢布以下或被判刑人 1 年以下的工资或其他收入的罚金。

2. 上述行为，数额巨大的，

处数额为 10 万卢布以上 50 万卢布以下或被判刑人 1 年以上 3 年以下的工资或其他收入的罚金；或处 5 年以下的剥夺自由，并处或不并处数额为 10 万卢布以下或被判刑人 6 个月以下的工资或其他收入的罚金。

3. 实施本条第 2 款规定的行为，有下列情形之一的：

（1）有预谋的团伙实施的；

（2）利用自己的职务地位实施的，

处 4 年以上 8 年以下的剥夺自由，并处或不并处数额为 100 万卢布以下或被判刑人 5 年以下的工资或其他收入的罚金。

4. 有组织的集团实施本条第 2 款或第 3 款规定的行为的，

处 10 年以上 15 年以下的剥夺自由，并处或不并处数额为 100 万卢布以下或被判刑人 5 年以下的工资或其他收入的罚金。

（本款由 2004 年 7 月 21 日第 73 号联邦法律修订）

（本条由 2001 年 8 月 7 日第 121 号联邦法律增补，2003 年 12 月 8 日第 162 号联邦法律修订）

第 175 条 取得或销售明知是犯罪赃物的财产

1. 并无事先许诺而取得或销售明知是犯罪赃物的财产的，

处数额为 4 万卢布以下或被判刑人 3 个月以下的工资或其他收入的罚金；或处 180 小时以上 240 小时以下的强制性社会公益劳动；或处 1 年以上 2 年以下的劳动改造；或处 2 年以下的剥夺自由。

（本款由 2003 年 12 月 8 日第 162 号联邦法律修订）

2. 上述行为,有下列情形之一的:
(1) 有预谋的团伙实施的;
(2) 对石油和石油加工产品、对汽车或其他巨额财产实施的;
(本项由 2006 年 12 月 30 日第 283 号联邦法律修订)
(3)(失效),
(本项由 2003 年 12 月 8 日第 162 号联邦法律删除)
处 3 年以下的限制自由;或处 4 个月以上 6 个月以下的拘役;或处 5 年以下的剥夺自由,并处数额为 8 万卢布以下或被判刑人 6 个月以下的工资或其他收入的罚金。
(本款由 2003 年 12 月 8 日第 162 号联邦法律修订)

3. 本条第 1 款、第 2 款规定的行为,由有组织的集团实施的或犯罪人利用自己职务地位实施的,
处 3 年以上 7 年以下的剥夺自由,并处数额为 8 万卢布以下或被判刑人 6 个月以下的工资或其他收入的罚金。
(本款由 2003 年 12 月 8 日第 162 号联邦法律修订)

第 176 条　非法取得贷款

1. 个体经营者或组织的领导人,以向银行或其他贷款人提供明知虚假的关于个体经营者或组织的经营状况或财务状况的材料而取得贷款或优惠的信贷条件,如果这种行为造成巨大损失的,
处数额为 20 万卢布以下或被判刑人 18 个月以下的工资或其他收入的罚金;或处 4 个月以上 6 个月以下的拘役;或处 5 年以下的剥夺自由。
(本款由 2003 年 12 月 8 日第 162 号联邦法律修订)

2. 非法取得国家的专项贷款,以及不按照直接用途使用这种贷款,如果这种行为给公民、组织或国家造成巨大损失的,
处数额为 10 万卢布以上 30 万卢布以下或被判刑人 1 年以上 2 年以下的工资或其他收入的罚金;或处 2 年以上 5 年以下的剥夺自由。
(本款由 2003 年 12 月 8 日第 162 号联邦法律修订)

第 177 条　恶意逃避清偿信贷债务

组织的领导人或公民恶意逃避清偿巨额的信贷债务或在有关法院裁判发生法律效力以后恶意逃避支付有价证券的价款的,
处数额为 20 万卢布以下或被判刑人 18 个月以下的工资或其他收入的罚金;或处 180 小时以上 240 小时以下的强制性社会公益劳动;或处 4 个月以上 6

个月以下的拘役;或处 2 年以下的剥夺自由。
(本条由 2003 年 12 月 8 日第 162 号联邦法律修订)
附注:(失效)。
(本附注由 2003 年 12 月 8 日第 162 号联邦法律删除)

第 178 条 不允许竞争、限制竞争或排除竞争

1. 通过规定或维持垄断性高价或垄断性低价的方式,以及以瓜分市场、限制进入市场、把经济活动的其他主体排除出市场、规定或维持统一价格的方式不允许竞争、限制竞争或排除竞争的,

处数额为 20 万卢布以下或被判刑人 18 个月以下的工资或其他收入的罚金;或处 4 个月以上 6 个月以下的拘役;或处 2 年以下的剥夺自由。

2. 上述行为,利用自己的职务地位实施的或有预谋的团伙实施的,

处数额为 10 万卢布以上 30 万卢布以下或被判刑人 1 年以上 2 年以下的工资或其他收入的罚金;或处 5 年以下的剥夺自由。

3. 使用暴力或以使用暴力相威胁,毁灭或损坏他人财产或以毁灭或损坏他人财产相威胁实施本条第 1 款、第 2 款规定的行为而无勒索罪要件的,或者有组织的集团实施这些行为的,

处 3 年以上 7 年以下的剥夺自由,并处或不并处数额为 100 万卢布以下或被判刑人 5 年以下的工资或其他收入的罚金。

附注:本条中的巨额损失是指损失的数额超过 100 万卢布。
(本条由 2003 年 12 月 8 日第 162 号联邦法律修订)

第 179 条 强制实施或强制放弃实施法律行为

1. 以使用暴力、毁灭或损坏他人财产、以及散布可能使被害人或其亲属的权利和合法利益遭受严重损害的信息相威胁而强制他人实施法律行为或强制他人放弃实施法律行为而无勒索罪要件的,

处 3 年以下的限制自由;或处 3 个月以上 6 个月以下的拘役;或处 2 年以下的剥夺自由,并处或不并处数额为 8 万卢布以下或被判刑人 6 个月以下的工资或其他收入的罚金。
(本款由 2003 年 12 月 8 日第 162 号联邦法律修订)

2. 上述行为,有下列情形之一的:

(1)(失效);

(本项由 2003 年 12 月 8 日第 162 号联邦法律删除)

(2) 使用暴力的;

（3）有组织的集团实施的，

处 5 年以上 10 年以下的剥夺自由。

第 180 条 非法使用商标

1. 非法使用他人的商标、服务标志、商品产地名称或与它们近似的同类商品的标识，如果这种行为是多次实施或造成巨大损失的，

处数额为 20 万卢布以下或被判刑人 18 个月以下的工资或其他收入的罚金；或处 180 小时以上 240 小时以下的强制性社会公益劳动；或处 2 年以下的劳动改造。

（本款由 2003 年 12 月 8 日第 162 号联邦法律修订）

2. 对未在俄罗斯联邦注册的商标或商品产地名称非法使用警告性标识，如果这种行为是多次实施或造成巨大损失的，

处数额为 12 万卢布以下或被判刑人 1 年以下的工资或其他收入的罚金；或处 120 小时以上 180 小时以下的强制性社会公益劳动；或处 1 年以下的劳动改造。

（本款由 2003 年 12 月 8 日第 162 号联邦法律修订）

3. 本条第 1 款或第 2 款规定的行为，如果是有预谋的团伙或有组织的集团实施的，

处 6 年以下的剥夺自由并处或不并处数额为 50 万卢布以下或被判刑人 3 年以下的工资或其他收入的罚金。

（本款由 2001 年 11 月 17 日第 144 号联邦法律增补，2007 年 4 月 9 日第 42 号联邦法律修订）

第 181 条 违反国家检验标记的制作和使用规则

1. 未经核准而制作、销售或使用以及伪造国家检验标志，如果是出于贪利的或其他个人的利害关系实施的，

处数额为 20 万卢布以下或被判刑人 18 个月以下的工资或其他收入的罚金；或处 3 年以下的剥夺自由。

（本款由 2003 年 12 月 8 日第 162 号联邦法律修订）

2. 有组织的集团实施上述行为的，

处 5 年以下的剥夺自由。

（本款由 2003 年 12 月 8 日第 162 号联邦法律修订）

第 182 条 明显虚假的广告（失效）

（本条由 2003 年 12 月 8 日第 162 号联邦法律删除）

第二十二章 经济活动领域的犯罪

第 183 条 非法获取和泄露构成商业秘密、税务机密或银行机密的信息

1. 通过盗窃文件、收买或威胁的方式,以及通过其他非法手段收集构成商业秘密、税务机密或银行机密的信息的,

处数额为 8 万卢布以下或被判刑人 6 个月以下的工资或其他收入的罚金;或处 2 年以下的剥夺自由。

(本款由 2003 年 12 月 8 日第 162 号联邦法律修订)

2. 受托掌握或因职务或工作关系而知悉构成商业秘密、税务机密或银行机密的信息的人未经信息持有人的同意,非法泄露或使用这些信息的,

处数额为 12 万卢布以下或被判刑人 1 年以下的工资或其他收入的罚金,并处 3 年以下剥夺担任一定职务或从事某种活动的权利;或处 3 年以下的剥夺自由。

(本款由 2003 年 12 月 8 日第 162 号联邦法律修订)

3. 上述行为,造成巨大损失的或者是出于贪利的利害关系实施的,

处数额为 20 万卢布以下或被判刑人 18 个月以下的工资或其他收入的罚金,并处 3 年以下担任一定职务或从事某种活动的权利;或处 5 年以下的剥夺自由。

(本款由 2003 年 12 月 8 日第 162 号联邦法律修订)

4. 本条第 2 款或第 3 款规定的行为,造成严重后果的,

处 10 年以下的剥夺自由。

(本条由 2001 年 8 月 7 日第 121 号联邦法律修订)

第 184 条 收买职业体育比赛和商业性文娱竞赛的参加者和组织者

1. 收买职业体育比赛的运动员、裁判员、教练员、运动队的领导人和其他参加者或组织者,以及收买商业文娱竞赛的组织者或评判组成员,以便对这些比赛或竞赛的结果施加影响的,

处数额为 20 万卢布以下或被判刑人 18 个月以下的工资或其他收入的罚金;或处 120 小时以上 180 小时以下的强制性社会公益劳动;或处 6 个月以上 1 年以下的劳动改造;或处 3 个月以下的拘役。

(本款由 2003 年 12 月 8 日第 162 号联邦法律修订)

2. 有组织的集团实施上述行为的,

处数额为 10 万卢布以上 30 万卢布以下或被判刑人 1 年以上 2 年以下的工资或其他收入的罚金;或处 5 年以下的剥夺自由。

(本款由 2003 年 12 月 8 日第 162 号联邦法律修订)

3. 运动员非法收受为了对上述比赛施加影响而给他们的金钱、有价证券或其他财产,以及运动员非法利用为了上述目的而为他们提供的财产性质的服务的,

处数额为 30 万卢布以下或被判刑人 2 年以下的的工资或其他收入的罚金;或处 3 年以下剥夺担任一定职务或从事某种活动的权利;或处 4 个月以上 6 个月以下的拘役。

(本款由 2003 年 12 月 8 日第 162 号联邦法律修订)

4. 职业体育比赛的裁判员、教练员、运动队的领导人和其他参加者或组织者,以及商业性文娱竞赛的组织者或评判组成员,非法收受为了本条第 3 款所指出的目的而提供的金钱、有价证券或其他财物,非法利用财产性质的服务的,

处数额为 10 万卢布以上 30 万卢布以下或被判刑人 1 年以上 2 年以下的工资或其他收入的罚金;或处 2 年以下的剥夺自由,并处 3 年以下剥夺担任一定职务或从事某种活动的权利。

(本款由 2003 年 12 月 8 日第 162 号联邦法律修订)

第 185 条 有价证券发行的舞弊行为

1. 在有价证券发行说明书中列入明知不真实的信息,以及核准包含明知不真实信息的发行说明书,或核准明知不真实的有价证券发行结果,以及配发未经国家登记的上市有价证券,如果这些行为给公民、组织或国家造成巨大损失的,

处数额为 10 万卢布以上 30 万卢布以下或被判刑人 1 年以上 3 年以下的工资或其他收入的罚金;或处 180 小时以上 240 小时以下的强制性社会公益劳动;或处 1 年以上 2 年以下的劳动改造。

(本款由 2003 年 12 月 8 日第 162 号联邦法律修订)

2. 有预谋的团伙或有组织的集团实施上述行为的,

处数额为 10 万卢布以上 50 万卢布以下或被判刑人 1 年以上 3 年以下的工资或其他收入的罚金;或处 3 年以下的剥夺自由。

(本款由 2003 年 12 月 8 日第 162 号联邦法律修订)

附注:本法典第 185 条和第 185-1 条中的巨大损失,是指损失超过 100 万卢布。

(本附注由 2003 年 12 月 8 日第 162 号联邦法律修订)

(本条由 2002 年 3 月 4 日第 23 号联邦法律修订)

第 185-1 条 恶意逃避向投资人或监督机关提供俄罗斯联邦立法规定的关于有价证券的信息

有义务保证投资人或监督机关获得有关有价证券发行人以及其财政经营活动和有关有价证券以及有价证券其他业务的信息材料的人员恶意逃避提供这种信息,或者提供明知不完全的或虚假的信息,如果这些行为给公民、组织或国家造成巨大损失的,

处数额为30万卢布以下或被判刑人2年以下的工资或其他收入的罚金;或处180小时以上240小时以下的强制性社会公益劳动;或处1年以上2年以下的劳动改造。

(本条由2002年3月4日第23号联邦法律增补,2003年12月8日第162号联邦法律修订)

第186条 伪造货币或有价证券或销售伪造的货币或有价证券

1. 以销售为目的而伪造俄罗斯联邦中央银行钞票、金属硬币、国家有价证券或以俄罗斯联邦货币计价的其他有价证券、外国货币或以外国货币计价的有价证券的,或者销售伪造的上述货币或有价证券的,

处5年以上8年以下的剥夺自由,并处或不并处数额为100万卢布以下或被判刑人5年以下的工资或其他收入的罚金。

(本款由2003年12月8日第162号联邦法律修订)

2. 上述行为,数额巨大的,

处7年以上12年以下的剥夺自由,并处或不并处数额为100万卢布以下或被判刑人5年以下的工资或其他收入的罚金。

(本款由2003年12月8日第162号联邦法律修订)

3. 本条第1款或第2款规定的行为,由有组织的集团实施的,

处8年以上15年以下的剥夺自由,并处或不并处数额为100万卢布以下或被判刑人5年以下的工资或其他收入的罚金。

(本款由2003年12月8日第162号联邦法律修订)

第187条 伪造信用卡、结算卡或其他支付凭证或销售伪造的信用卡、结算卡或其他支付凭证

1. 以销售为目的伪造信用卡、结算卡以及不属于有价证券的其他支付凭证的,或者销售伪造的信用卡、结算卡以及其他不属于有价证券的支付凭证的,

处2年以上6年以下的剥夺自由,并处数额为10万卢布以上30万卢布以下或被判刑人1年以上2年以下的工资或其他收入的罚金。

(本款由2003年12月8日第162号联邦法律修订)

2. 有组织的集团实施上述行为的,

处 4 年以上 7 年以下的剥夺自由,并处或不并处数额为 100 万卢布以下或被判刑人 5 年以下的工资或其他收入的罚金。

(本款由 2003 年 12 月 8 日第 162 号联邦法律修订)

第 188 条　走私

1. 走私,即不经过海关检查或逃避海关检查,或欺骗性地使用海关检验单证或手段,或不报关或不真实报关,将商品或本条第 2 款所列以外的其他物品大量运送通过俄罗斯联邦海关边界的,

处数额为 10 万卢布以上 30 万卢布以下或被判刑人 1 年以上 2 年以下的工资或其他收入的罚金;或处 5 年以下的剥夺自由。

(本款由 2003 年 12 月 8 日第 162 号联邦法律修订)

2. 不经过海关检查或逃避海关检查,或欺骗性地使用海关检验单证或手段,或不报关或不真实报关而经过俄罗斯联邦海关边界运送麻醉品、精神药物、烈性物质、剧毒物质、有毒物质、爆炸物品、放射性物质、放射源、核材料、火器、爆炸装置、弹药、大规模杀伤性武器、大规模杀伤性武器的运输手段、对之规定了穿越俄罗斯联邦海关边界专门规则的其他武器、其他军事装备,以及对之规定了穿越俄罗斯联邦海关边界专门规则的具有战略意义的原料性商品或文化珍品的,

(本段由 2002 年 5 月 7 日第 50 号联邦法律修订)

处 3 年以上 7 年以下的剥夺自由,并处或不并处数额为 100 万卢布以下或被判刑人 5 年以下的工资或其他收入的罚金。

(本款由 2003 年 12 月 8 日第 162 号联邦法律修订)

3. 本条第 1 款或第 2 款规定的行为,有下列情形之一的:

(1)(失效);

(本项由 2003 年 12 月 8 日第 162 号联邦法律删除)

(2)公职人员利用其职务地位实施的;

(3)对海关检查的人员使用暴力的,

处 5 年以上 10 年以下的剥夺自由,并处或不并处数额为 100 万卢布以下或被判刑人 5 年以下的工资或其他收入的罚金。

(本款由 2003 年 12 月 8 日第 162 号联邦法律修订)

4. 有组织的集团实施本条第 1 款、第 2 款或第 3 款规定的行为的,

处 7 年以上 12 年以下的剥夺自由,并处或不并处数额为 100 万卢布以下或被判刑人 5 年以下的工资或其他收入的罚金。

(本款由 2003 年 12 月 8 日第 162 号联邦法律修订)

第二十二章 经济活动领域的犯罪 95

附注：失效。
（本地注由 2003 年 12 月 8 日第 162 号联邦法律删除）

第 189 条 非法输出或交付可用于制造大规模杀伤性武器、军事装备和军事技术的原料、材料、设备、工艺、科学技术情报和非法完成这种工作（提供服务）

1. 享有对外贸易权的人员向外国组织或其代理人非法输出或交付原料、材料、设备、工艺、科学技术情报，上述人员非法为外国组织或其代理人完成工作或非法向外国组织或其代理人提供服务，而上述人员明知这些原料、材料、设备、工艺、科学技术情报以及工作可能用于制造军事装备和军事技术而对之规定了出口控制的（不具有本法典第 188 条和第 275 条规定的犯罪要件），

处数额为 10 万卢布以上 50 万卢布以下或被判刑人 1 年以上 3 年以下的工资或其他收入的罚金；或处 5 年以下剥夺担任一定职务或从事某种活动的权利；或处 3 年以下的剥夺自由。

（本款由 2003 年 12 月 8 日第 162 号联邦法律修订）

2. 有预谋的团伙实施上述行为的，

处 5 年以下的剥夺自由，并处 3 年以下剥夺担任一定职务或从事某种活动的权利。

（本款由 2003 年 12 月 8 日第 162 号联邦法律修订）

3. 本条第 1 款规定的行为，如果是有组织的集团实施的，或对明知可以用来制造大规模杀伤性武器及其运输手段而且已经对之规定了出口控制的原料、材料、设备、工艺、科学技术情报、工作（服务）实施的，

处 3 年以上 7 年以下的剥夺自由，并处或不并处数额为 100 万卢布以下或被判刑人 5 年以下的工资或其他收入的罚金

（本款由 2003 年 12 月 8 日第 162 号联邦法律修订）

附注：本条中享有对外贸易权的人员，是指依照俄罗斯联邦立法建立的和常驻地在俄罗斯联邦境内的法人的领导人，以及经常住所地在俄罗斯联邦境内和在俄罗斯联邦境内以个体经营者资格注册的自然人。

（本条由 2002 年 5 月 7 日第 50 号联邦法律修订）

第 190 条 不将属于俄罗斯联邦和外国人民的艺术、历史和考古财富的物品归还俄罗斯联邦境内

运送出俄罗斯联邦的俄罗斯联邦和外国人民的艺术、历史和考古财富的物品，如果依照俄罗斯联邦立法必须归还，而不在规定期限内归还到俄罗斯联邦境

内的，

处 8 年以下的剥夺自由，并处或不并处数额为 100 万卢布以下或被判刑人 5 年以下的工资或其他收入的罚金。

（本条由 2003 年 12 月 8 日第 162 号联邦法律修订）

第 191 条　贵金属、天然宝石或珍珠的非法流通

1. 违反俄罗斯联邦立法所规定的规则，实施与贵金属、天然宝石或珍珠有关的法律行为，以及非法保管、运送或寄送除制成首饰、日常生活用品或其碎片以外的任何品种、任何状态的贵金属、天然宝石或珍珠的，

处数额为 10 万卢布以上 50 万卢布以下或被判刑人 1 年以上 3 年以下的工资或其他收入的罚金；或处 2 年以下的劳动改造；或处 3 年以下的限制自由；或处 6 个月以下的拘役。

（本款由 2003 年 12 月 8 日第 162 号联邦法律修订）

2. 上述行为，有下列情形之一的：

（1）（失效）；

（本附注由 2003 年 12 月 8 日第 162 号联邦法律删除）

（2）数额巨大的；

（3）有组织的集团有预谋地实施的，

（本项由 2003 年 12 月 8 日第 162 号联邦法律修订）

处 7 年以下的剥夺自由，并处或不并处数额为 100 万卢布以下或被判刑人 5 年以下的工资或其他收入的罚金。

（本款由 2003 年 12 月 8 日第 162 号联邦法律修订）

附注：失效。（2003 年 12 月 8 日第 162 号联邦法律删除）

第 192 条　违反向国家上交贵金属和宝石的规则

逃避向国家强制上交进行精炼或逃避向国家强制出售从地下开采的、从再生原料中提取的以及拣拾的贵金属或宝石，数量巨大的，

处数额为 20 万卢布以下或被判刑人 18 个月以下的工资或其他收入的罚金；或处 3 个月以上 6 个月以下的拘役；或处 5 年以下的剥夺自由。

（本条由 2003 年 12 月 8 日第 162 号联邦法律修订）

附注：失效。

（本附注由 2003 年 12 月 8 日第 162 号联邦法律删除）

第 193 条　不从境外返还外汇资金

组织的领导人不将依照俄罗斯联邦立法必须划拨到被授权的俄罗斯联邦银

行账户的外汇资金从境外返还,而且数额巨大的,

处 3 年以下的剥夺自由。

附注:本条所指的数额巨大,是指未予返还的外汇资金的数额超过 500 万卢布。

(本附注由 2003 年 12 月 8 日第 162 号联邦法律修订)

第 194 条 逃避交纳向组织或自然人征收的海关税费

1. 逃避交纳向组织或自然人征收的海关税费,数额巨大的,

处数额为 10 万卢布以上 30 万卢布以下或被判刑人 1 年以上 2 年以下的工资或其他收入的罚金;或处 180 小时以上 240 小时以下的强制性社会公益劳动;或处 2 年以下的剥夺自由。

(本款由 2003 年 12 月 8 日第 162 号联邦法律修订)

2. 上述行为,而有下列情形之一的:

(1) 有预谋的团伙实施的;

(2)(失效);

(本项由 2003 年 12 月 8 日第 162 号联邦法律删除)

(3)(失效);

(本项由 2003 年 12 月 8 日第 162 号联邦法律删除)

(4) 数额特别巨大的,

处数额为 10 万卢布以上 50 万卢布以下或被判刑人 1 年以上 3 年以下的工资或其他收入的罚金;或处 5 年以下的剥夺自由,并处或不并处 3 年以下剥夺担任一定职务或从事某种活动的权利。

(本条由 2003 年 12 月 8 日第 162 号联邦法律修订)

附注:逃避交纳海关税费数额巨大,是指未交纳的海关税费金额超过 50 万卢布,数额特别巨大是指未交纳的海关税费金额超过 150 万卢布。

(本附注由 2003 年 12 月 8 日第 162 号联邦法律修订)

(本条由 1998 年 6 月 25 日第 92 号联邦法律修订)

第 195 条 不正当破产行为

1. 隐匿财产、财产权或财产债,隐瞒关于财产、财产数额、财产所在地的信息或关于财产、财产权和财产债的其他信息,将财产移交他人占有,转让或毁灭财产,以及隐匿、毁灭、伪造反映法人或个体经营者经济活动的会计凭证和其他核算单证,如果这些行为是在破产时实施并造成巨大损失的,

处 3 年以下的限制自由;或处 4 个月以上 6 个月以下的拘役;或处 3 年以下

的剥夺自由,并处或不并处数额为 20 万卢布以下或被判刑人 18 个月以下的工资或其他收入的罚金。

2. 作为债务人的法人的领导人或法人发起人(参加人)或个体经营者,不正当地用作为债务人的法人的财产满足某些债权人的财产请求权,而故意使其他债权人蒙受损失,如果该行为是在破产的情况下实施并造成巨大损失的,

处 3 年以下的限制自由;或处 2 个月以上 4 个月以下的拘役;或处 1 年以下的剥夺自由,并处或不并处数额为 8 万卢布以下或被判刑人 6 个月以下的工资或其他收入的罚金。

3. 在法人领导人或信贷组织的职能由仲裁管理人或信贷组织临时管理处行使的情况下,非法妨碍仲裁管理人或信贷组织临时管理处的活动,包括逃避或拒绝向仲裁管理人或信贷组织临时管理处提交履行其职责所必需的文件,或逃避或拒绝交付属于法人或信贷组织的财产,如果这些行为(不作为)造成巨大损失的,

处数额为 20 万卢布以下或被判刑人 18 个月以下工资或其他收入的罚金;或处 180 小时以上 240 小时以下的强制性社会公益劳动;或处 1 年以上 2 年以下的劳动改造;或处 3 个月以上 6 个月以下的拘役;或处 3 年以下的剥夺自由。

(本条由 2005 年 12 月 19 日第 161 号联邦法律修订)

第 196 条　蓄意破产

蓄意破产,即法人的领导人或发起人(参加人)或个体经营者故意造成法人或个体经营者不能完全满足债权人的金钱之债和(或)不能履行强制支付义务的行为(不作为),如果这些行为造成巨大损失的,

处数额为 20 万卢布以上 50 万卢布以下或被判刑人一年以上 3 年以下的工资或其他收入的罚金;或处 6 年以下的剥夺自由,并处或不并处 20 万卢布以下或被判刑人 18 个月以下的工资或其他收入的罚金。

(本条由 2005 年 12 月 19 日第 161 号联邦法律修订)

第 197 条　虚假破产

虚假破产,即法人的领导人或发起人(参加人)故意虚假地宣告该法人资不抵债,以及个体经营者故意虚假地宣告自己资不抵债,如果这种行为造成巨大损失的,

(本段由 2005 年 12 月 19 日第 161 号联邦法律修订)

处数额为 10 万卢布以上 30 万卢布以下或被判刑人 1 年以上 2 年以下的工资或其他收入的罚金;或处 6 年以下的剥夺自由,并处或不并处数额为 8 万卢布

以下或被判刑人 6 个月以下的工资或其他收入的罚金。

(本条由 2003 年 12 月 8 日第 162 号联邦法律修订)

第 198 条 逃避交纳向自然人征收的税费

1. 采取不提交收入申报单或其他依照俄罗斯联邦的税费立法应提交的单证,以及采取将明知虚假的信息材料列入申报单或上述单证的手段,逃避交纳税费,数额巨大的,

处数额为 10 万卢布以上 30 万卢布以下或被判刑人 1 年以上 2 年以下的工资或其他收入的罚金;或处 4 个月以上 6 个月以下的拘役;或处 1 年以下的剥夺自由。

2. 上述行为,数额特别巨大的,

处数额为 20 万卢布以上 50 万卢布以下或被判刑人 18 个月以上 3 年以下的工资或其他收入的罚金;或处 3 年以下的剥夺自由。

附注:本条中的数额巨大,是指在连续 3 个财政年度期间内税费金额超过 10 万卢布,而未交纳的税费金额超过应交纳税费的 10%,或者未交纳的税费金额超过 30 万卢布;数额特别巨大是指在连续 3 个财政年度期间内税费金额超过 50 万卢布,未交纳的税费金额超过应交纳税费的 20%,或者未交纳的税费超过 150 万卢布。

(本条由 2003 年 12 月 8 日第 162 号联邦法律修订)

第 199 条 逃避交纳向组织征收的税费

1. 采取不提交收入申报单或其他依照俄罗斯联邦税费立法应提交的单证,将明知虚假的信息材料列入申报单或上述单证的手段,逃避缴纳向组织征收的税款,数额巨大的,

处数额为 10 万卢布以上 30 万卢布以下或被判刑人 1 年以上 2 年以下的工资或其他收入的罚金;或处 4 个月以上 6 个月以下的拘役;或处 2 年以下的剥夺自由,并处或不并处 3 年以下剥夺担任一定职务或从事某种活动的权利。

2. 上述行为,而有下列情形之一的:

(1) 有预谋的团伙实施的;

(2) 数额特别巨大的,

处数额为 20 万卢布以上 50 万卢布以下或被判刑人 1 年以上 3 年以下的工资或其他收入的罚金;或处 6 年以下的剥夺自由,并处或不并处 3 年以下剥夺担任一定职务或从事某种活动的权利。

附注:本条以及第 199-1 条中的数额巨大,是指在连续 3 个财政年度期间

内税费金额超过50万卢布,而未交纳的税费金额超过应交纳税费的10%,或者未交纳的税费金额超过150万卢布;而数额特别巨大是指在连续3个财政年度期间内税费金额超过150万卢布,而未交纳税费超过应交纳税费的20%,或者未交纳的税费金额超过750万卢布。

（本条由2003年12月8日第162号联邦法律修订）

第199-1条 不履行税收代扣代交人的职责

1. 为了个人利益而不履行税收代扣代交人员计算、扣交或划拨依照俄罗斯联邦关于税费的立法应该计算、扣交和向相应财政（预算外基金）划拨向纳税人征收的税费的职责,数额巨大的,

处数额为10万卢布以上30万卢布以下或被判刑人1年以上2年以下的工资或其他收入的罚金;或处4个月以上6个月以下的拘役;或处2年以下的剥夺自由,并处或不并处3年以下剥夺担任一定职务或从事某种活动的权利。

2. 上述行为,数额特别巨大的,

处数额为20万卢布以上50万卢布以下或被判刑人2年以上5年以下的工资或其他收入的罚金;或处6年以下的剥夺自由,并处或不并处3年以下剥夺担任一定职务或从事某种活动的权利。

（本条由2003年12月8日第162号联邦法律增补）

第199-2条 隐瞒组织或个体经营者应征收税费的资金或财产

组织的所有权人或领导人、在组织中行使管理职能的人员以及个体经营者隐瞒组织或个体经营者依照俄罗斯联邦关于税费的立法应征收税费的资金和财产,数额巨大的,

处数额为20万卢布以上50万卢布以下或被判刑人18个月以上3年以下的工资或其他收入的罚金;或处5年以下的剥夺自由,并处或不并处3年以下剥夺担任一定职务或从事某种活动的权利。

（本条由2003年12月8日第162号联邦法律增补）

第200条 欺诈消费者（失效）

（本条由2003年12月8日第162号联邦法律删除）

分则·第八编 经济领域的犯罪

第二十三章　商业组织和其他组织中侵犯服务利益的犯罪

第201条　滥用权力

1. 商业组织或其他组织中履行管理职能的人员,违背该组织的合法利益,为了给自己或他人谋取利益和优先权或者为了使他人受到损害而利用自己的权力,如果这种行为致使公民或组织的权利和合法利益或社会或国家受法律保护的利益受到重大损害的,

处数额为20万卢布以下或被判刑人18个月以下的工资或其他收入的罚金;或处180小时以上240小时以下的强制性社会公益劳动;或处1年以上2年以下的劳动改造;或处3个月以上6个月以下的拘役;或处3年以下的剥夺自由。

(本款由2003年12月8日第162号联邦法律修订)

2. 上述行为,造成严重后果的,

处数额为10万卢布以上50万卢布以下或被判刑人1年以上3年以下的工资或其他收入的罚金;或处4个月以上6个月以下的拘役;或处5年以下的剥夺自由。

(本款由2003年12月8日第162号联邦法律修订)

附注:(1) 本条所说商业或其他组织中履行管理职能的人员,是指经常地、临时地或者经专门授权在任何所有制形式的商业组织中以及在不是国家机关、地方自治机关、国家机构和自治地方机构的非商业组织中履行组织指挥或行政经营责任的人员。

(本项由2003年12月8日第162号联邦法律修订)

(2) 如果本条或本章其他各条规定的行为仅给非国有企业或非自治地方所

属企业的商业组织的利益造成损害,则根据这个组织的告诉或经它的同意进行刑事追究。

(3) 如果本条或本章其他各条规定的行为对其他组织的利益以及使公民、社会或国家的利益造成损害,则根据一般规定进行刑事追究。

第 202 条　私人公证员和审计员滥用权力

1. 私人公证员或私人审计员,违背自己活动的任务,为了给自己或他人谋取利益和优先权,或为了对其他人造成损害而滥用自己的权力,如果这种行为对公民或组织的权利和合法利益或者对社会或国家受法律保护的利益造成重大损害的,

处数额为 10 万卢布以上 30 万卢布以下或被判刑人 1 年以上 2 年以下的工资或其他收入的罚金;或处 3 个月以上 6 个月以下的拘役;或处 3 年以下剥夺自由,并处 3 年以下剥夺担任一定职务或从事某种活动的权利。

(本款由 2003 年 12 月 8 日第 162 号联邦法律修订)

2. 对明知未成年的人或无行为能力人实施上述行为的,

处数额为 10 万卢布以上 50 万卢布以下或被判刑人 1 年以上 3 年以下的工资或其他收入的罚金;或处 4 个月以上 6 个月以下的拘役;或处 5 年以下的剥夺自由,并处 3 年以下剥夺担任一定职务或从事某种活动的权利。

(本款由 2003 年 12 月 8 日第 162 号联邦法律修订)

第 203 条　私人保安或侦探服务机构的职员越权

1. 私人保安或侦探服务机构的领导人和职员,违背自己活动的任务,超越执照所赋予的权限,如果使用暴力或以使用暴力相威胁实施这种行为的,

处 3 年以下的限制自由;或处 6 个月以下的拘役,并处或不并处 3 年以下剥夺担任一定职务或从事某种活动的权利。

2. 上述行为,造成严重后果的,

处 7 年以下的剥夺自由,并处 3 年以下担任一定职务或从事某种活动的权利。

(本款由 2003 年 12 月 8 日第 162 号联邦法律修订)

第 204 条　商业贿买

1. 向在商业组织或其他组织中履行管理职能的人员非法送交金钱、有价证券、其他财产,以及向他非法提供财产性质的服务,以求对方利用所担任的职务为了贿买者的利益实施行为(不作为)的,

处数额为 20 万卢布以下或被判刑人 18 个月以下的工资或其他收入的罚

金；或处 2 年以下剥夺担任一定职务或从事某种活动的权利；或处 2 年以下的限制自由；或处 2 年以下的剥夺自由。

（本款由 2003 年 12 月 8 日第 162 号联邦法律修订）

2. 上述行为，如果是有预谋的团伙实施或有组织的集团实施的，

处数额为 10 万卢布以上 30 万卢布以下或被判刑人 1 年以上 2 年以下的工资或其他收入的罚金；或处 3 年以下的限制自由；或处 3 个月以上 6 个月以下的拘役；或处 4 年以下的剥夺自由。

（本款由 2003 年 12 月 8 日第 162 号联邦法律修订）

3. 商业组织或其他组织中履行管理职能的人员，非法收受金钱、有价证券、其他财产以及非法接受财产性质的服务，从而利用其所担任职务为了贿买者的利益实施行为（不作为）的，

处数额为 10 万卢布以上 30 万卢布以下或被判刑人 1 年以上 2 年以下的工资或其他收入的罚金；或处 2 年以下剥夺担任一定职务或从事某种活动的权利；或处 3 年以下的限制自由；或处 3 年以下的剥夺自由。

（本款由 2003 年 12 月 8 日第 162 号联邦法律修订）

4. 本条第 3 款规定的行为，有下列情形之一的：

（1）有预谋的团伙或有组织的集团实施的；

（2）（失效）；

（本项由 2003 年 12 月 8 日第 162 号联邦法律删除）

（3）同时有勒索行为的，

处数额为 10 万卢布以上 50 万卢布以下或被判刑人 1 年以上 3 年以下的工资或其他收入的罚金；或处 5 年以下剥夺担任一定职务或从事某种活动的权利；或处 5 年以下的剥夺自由。

（本款由 2003 年 12 月 8 日第 162 号联邦法律修订）

附注：实施本条第 1 款、第 2 款规定行为的人员，如果曾受到勒索，或者主动向有权提起刑事案件的机关检举有关贿买的情况，则免除刑事责任。

分则·第九编 危害公共安全和社会秩序的犯罪

第二十四章　危害公共安全的犯罪

第205条　恐怖主义行动

（本条题目由2006年7月27日第153号联邦法律修订）

1. 为了对权力机关或国际组织做出决策施加影响而实施爆炸、纵火或其他恐吓公民和造成人员死亡、财产重大损失或其他严重后果危险的行为的，以及为此目的以实施上述行为相威胁的，

处8年以上12年以下的剥夺自由。

（本款由2007年7月27日第153号联邦法律修订）

2. 上述行为，有下列情形之一的：

（1）有预谋的团伙实施的；

（2）（失效）；

（本项由2003年12月8日第162号联邦法律删除）；

（3）使用火器实施的，

处10年以上20年以下的剥夺自由。

（本款由2004年7月21日第74号联邦法律修订）

3. 本条第1款或第2款规定的行为，如果是有组织的集团实施的，或者过失致人死亡或造成其他严重后果的，以及同时侵害原子能客体或者使用核材料、放射性物质或放射源实施的，

（本段由1999年2月9日第26号联邦法律修订）

处15年以上20年以下的剥夺自由，或处终身剥夺自由。

（本款由2004年7月21日第74号联邦法律、2006年7月27日第153号联邦法律修订）

附注：参与准备实施恐怖主义行动的人员，及时向权力机关报告或采取其他

措施协助预防恐怖主义行动发生的,如果其行为中不含有其他的犯罪构成,则免除刑事责任。

第 205-1 条　帮助实施恐怖主义活动

(本条题目由 2006 年 7 月 27 日第 153 号联邦法律修订)

1. 唆使、招募或以其他形式引诱他人实施本法典第 205 条、第 206 条、第 208 条、第 211 条、第 277 条、第 278 条、第 279 条和第 360 条规定的任何一项犯罪的,为实施上述任何一项犯罪而对人员提供武装或进行训练的,以及为恐怖主义行为提供经费的,

处 4 年以上 8 年以下的剥夺自由。

2. 利用自己的职务地位实施上述行为的,

处 7 年以上 15 年以下的剥夺自由,并处或不并处数额为 100 万卢布以下或被判刑人 5 年以下的工资或其他收入的罚金。

附注:1. 本法典中的为恐怖主义行为提供经费是指提供或搜集资金或提供资金服务而明知其目的是为组织、准备或实施本法典第 205 条、第 205-1 条、第 205-2 条、第 206 条、第 208 条、第 211 条、第 277 条、第 278 条、第 279 条和第 360 条所规定的任何一项犯罪,或者是给为实施上述任何一项犯罪而组建或正在组建的有组织的集团、非法武装队伍、犯罪团体(犯罪组织)提供保障的行为。

2. 实施本条所规定的犯罪的人员,及时地向权力机关报告或以其他方式协助预防或制止了他提供了经费的和(或)所帮助的犯罪的,如果其行为不含有其他的犯罪构成,则免除刑事责任。

(本条由 2002 年 7 月 24 日第 103 号联邦法律增补,2006 年 7 月 27 日第 153 号联邦法律修订)

第 205-2 条　公开号召进行恐怖主义活动或公开为恐怖主义辩护

1. 公开号召进行恐怖主义活动或公开为恐怖主义辩护的,

处 30 万卢布以下或被判刑人 3 年以下的工资或其他收入的罚金,或处 4 年以下的剥夺自由。

2. 上述行为,利用大众信息媒体实施的,

处 50 万卢布以下或被判刑人 4 年以下的工资或其他收入的罚金,或处 5 年以下的剥夺自由并处 3 年以下剥夺担任一定职务或从事某种活动的权利。

附注:本条中的分开为恐怖主义辩护是指公开声明承认恐怖主义的意识形态和实践是正确的,是需要支持和效仿的。

(本条由 2006 年 7 月 27 日第 153 号联邦法律增补)

第 206 条 劫持人质

1. 劫持或扣留他人作为人质,以迫使国家、组织或公民实施某种行为或放弃实施某种行为作为释放人质的条件的,

处 5 年以上 10 年以下的剥夺自由。

2. 上述行为,有下列情形之一的:

(1) 有预谋的团伙实施的;

(2)(失效);

(本项由 2003 年 12 月 8 日第 162 号联邦法律删除);

(3) 使用危及生命或健康的暴力实施的;

(4) 使用武器或其他物品作为武器实施的;

(5) 对明知未成年的人实施的;

(6) 对犯罪人明知正在怀孕的妇女实施的;

(7) 对 2 人以上实施的;

(8) 出于贪利动机或受雇于人实施的,

处 6 年以上 15 年以下的剥夺自由。

3. 本条第 1 款或第 2 款规定的行为,如果是有组织的集团实施的,或过失致人死亡或造成其他严重后果的,

处 8 年以上 20 年以下的剥夺自由。

附注:主动或按照当局的要求释放人质的人员,如果其行为中不含有其他的犯罪构成,则免除刑事责任。

第 207 条 故意虚假举报恐怖主义行为

故意虚假举报有人正在准备爆炸、纵火或其他造成人员死亡、造成重大财产损失或发生其他危害社会后果的危险的行为的,

处数额为 20 万卢布以下或被判刑人 18 个月以下的工资或其他收入的罚金;或处 1 年以上 2 年以下的劳动改造;或处 3 个月以上 6 个月以下的拘役;或处 3 年以下的剥夺自由。

(本条由 2003 年 12 月 8 日第 162 号联邦法律修订)

第 208 条 组建或参加非法武装队伍

1. 组建联邦法律没有规定的武装队伍(联队、支队、纠察队或其他集团)以及领导这种队伍或为之提供经费的,

处 2 年以上 7 年以下的剥夺自由。

(本款由 2006 年 7 月 27 日第 153 号联邦法律修订)

2. 参加联邦法律没有规定的武装队伍的,

处3年以下的限制自由;或处6个月以下的拘役;或处5年以下的剥夺自由。

附注:主动终止参加非法武装队伍和交出武器的人员,如果其行为中不包含其他犯罪构成的,则免除刑事责任。

第209条 武装匪帮

1. 为了袭击公民或组织而组建固定的武装团伙(匪帮)的,以及领导这种武装团伙(匪帮)的,

处10年以上15年以下的剥夺自由,并处或不并处数额为100万卢布以下或被判刑人5年以下的工资或其他收入的罚金。

(本款由2003年12月8日第162号联邦法律修订)

2. 参加固定的武装团伙(匪帮)或参加它所实施的袭击的,

处8年以上15年以下的剥夺自由,并处或不并处数额为100万卢布以下或被判刑人5年以下的工资或其他收入的罚金。

(本款由2003年12月8日第162号联邦法律修订)

3. 利用自己职务地位实施本条第1款或第2款所规定的行为的,

处12年以上20年以下的剥夺自由,并处或不并处数额为100万卢布以下或被判刑人5年以下的工资或其他收入的罚金。

(本款由2003年12月8日第162号联邦法律修订)

第210条 组建犯罪团体(犯罪组织)

1. 为实施严重犯罪或特别严重的犯罪而组建犯罪团体(犯罪组织)和领导这种团体(组织)或其所属分支机构,以及为实施严重犯罪或特别严重犯罪制订计划和创造条件而组建有组织集团的组织者、领导者或其他代表人物的联合组织的,

处7年以上15年以下的剥夺自由,并处或不并处数额为100万卢布以下或被判刑人5年以下的工资或其他收入的罚金。

(本款由2003年12月8日第162号联邦法律修订)

2. 参加犯罪团体(犯罪组织)或参加有组织集团的组织者、领导者或其他代表人物的联合组织的,

处3年以上10年以下的剥夺自由,并处或不并处数额为50万卢布以下或被判刑人3年以下的工资或其他收入的罚金。

(本款由2003年12月8日第162号联邦法律修订)

3. 利用自己的职务地位实施本条第 1 款或第 2 款规定的行为的,

处 10 年以上 20 年以下的剥夺自由,并处或不并处数额为 100 万卢布以下或被判刑人 5 年以下的工资或其他收入的罚金。

(本款由 2003 年 12 月 8 日第 162 号联邦法律修订)

附注:自动终止参加犯罪团体(犯罪组织)或其所属分支机构以及有组织集团的组织者、领导者或其他代表人物的联合组织并积极协助揭露该犯罪或积极制止该犯罪的人,如果其行为不含有其他犯罪构成,则免除刑事责任。

(本附注由 2003 年 12 月 8 日第 162 号联邦法律修订)

第 211 条 劫持航空器、船舶或铁路机车车辆

1. 劫持航空器、船舶或铁路机车车辆,以及为了劫持而夺取这些运输工具的,

处 4 年以上 8 年以下的剥夺自由。

2. 上述行为,有下列情形之一的:

(1) 有预谋的团伙实施的;

(2)(失效);

(本项由 2003 年 12 月 8 日第 162 号联邦法律删除)

(3) 使用危及生命或健康的暴力,或以使用这种暴力相威胁实施的;

(4) 使用武器或其他物品作为武器实施的,

处 7 年以上 12 年以下的剥夺自由。

3. 本条第 1 款或第 2 款规定的行为,如果是有组织的集团实施的,或过失致人死亡或造成其他严重后果的,

处 8 年以上 15 年以下的剥夺自由。

第 212 条 聚众骚乱

1. 组织伴随有暴力、洗劫、纵火、毁灭财产和使用火器、爆炸物品或爆炸装置以及对政权代表进行武装反抗的聚众骚乱的,

处 4 年以上 10 年以下的剥夺自由。

2. 参加本条第 1 款规定的聚众骚乱的,

处 3 年以上 8 年以下的剥夺自由。

3. 号召积极抗拒政权代表的合法要求,号召进行聚众骚乱,以及号召对公民使用暴力的,

处 2 年以下的限制自由;或处 2 个月以上 4 个月以下的拘役;或处 3 年以下的剥夺自由。

第 213 条　流氓行为

1. 流氓行为,即粗暴地破坏社会秩序,表现出公然不尊重社会,有下列情形之一的:

（1）使用武器或其他物品作为武器实施的;

（2）出于政治的、意识形态的、种族的、民族的或宗教的仇恨或敌视或出于对某一社会集团的仇恨或敌视的动机而实施的,

处 180 小时以上 240 小时以下的强制性社会公益劳动;或处 1 年以上 2 年以下的劳动改造;或处 5 年以下的剥夺自由。

（本款由 2007 年 7 月 24 日第 211 号联邦法律修订）

2. 上述行为,如果是有预谋的团伙或有组织的集团实施的,或者涉及对抗政权代表或其他执行维护社会秩序或制止破坏社会秩序行为的职责的人员的,

处 7 年以下的剥夺自由。

（本条由 2003 年 12 月 8 日第 162 号联邦法律修订）

第 214 条　野蛮行为

1. 野蛮行为,即玷污建筑物或其他构筑物,在公共交通工具或其他公共场所损坏财产的,

（本段由 2007 年 5 月 10 日第 70 号联邦法律修订）

处数额为 4 万卢布以下或被判刑人 3 个月以下的工资或其他收入的罚金;或处 120 小时以上 180 小时以下的强制性社会公益劳动;或处 6 个月以上 1 年以下的劳动改造;或处 3 个月以下的拘役。

2. 上述行为,如果是有组织的集团实施的,或者出于政治的、意识形态的、种族的、民族的或宗教的仇恨或敌视或出于对某一社会集团的仇恨或敌视的动机而实施的,

（本段由 2007 年 7 月 24 日第 211 号联邦法律修订）

处 3 年以下的限制自由或处 3 年以下的剥夺自由。

（本款由 2007 年 5 月 10 日第 70 号联邦法律增补）

（本条由 2003 年 12 月 8 日第 162 号联邦法律修订）

第 215 条　违反原子能工程安全规则

1. 在原子能工程的布局、设计、建设和利用方面违反安全规则,如果可能引起人员死亡或环境的放射性污染的,

处数额为 20 万卢布以下或被判刑人 18 个月以下的工资或其他收入的罚金;或处 3 年以下的限制自由;或处 3 年以下的剥夺自由,并处或不并处 3 年以

下剥夺担任一定职务或从事某种活动的权利。

（本款由 2003 年 12 月 8 日第 162 号联邦法律修订）

2. 上述行为,过失造成人员健康的严重损害或过失造成人员死亡,过失造成环境的放射性污染的,

处 5 年以下的剥夺自由,并处或不并处 3 年以下剥夺担任一定职务或从事某种活动的权利。

（本款由 2003 年 12 月 8 日第 162 号联邦法律修订）

3. 本条第 1 款规定的行为,过失造成 2 人以上死亡的,

处 7 年以下的剥夺自由,并处或不并处 3 年以下剥夺担任一定职务或从事某种活动的权利。

（本款由 2003 年 12 月 8 日第 162 号联邦法律修订）

第 215-1 条　终止或限制提供电能或者切断其他生活保障源

1. 公职人员以及商业组织和其他组织中行使管理职能的人员非法终止或限制向消费者提供电能或者切断其他生活保障源,如果过失造成巨大损失、严重损害人员健康或造成其他严重后果的,

处数额为 20 万卢布以下或被判刑人 18 个月以下的工资或其他收入的罚金;或处 3 年以下的限制自由;或处 2 年以下的剥夺自由。

（本款由 2003 年 12 月 8 日第 162 号联邦法律修订）

2. 上述行为,过失造成人员死亡的,

处 5 年以下的剥夺自由,并处或不并处 3 年以下剥夺担任一定职务或从事某种活动的权利。

（本款由 2003 年 12 月 8 日第 162 号联邦法律修订）

（本条由 1998 年 5 月 27 日第 77 号联邦法律增补）

第 215-2 条　破坏生活保障设施

1. 毁坏、损坏电能、电信、住房和公用设施或其他生活保障设施或使上述设施不能使用,如果这些行为是出于贪利动机或流氓动机实施的,

处数额为 10 万卢布以上 50 万卢布以下或被判刑人 1 年以上 3 年以下的工资或其他收入的罚金;或处 1 年以上 2 年以下的劳动改造;或处 1 年以上 3 年以下的剥夺自由。

（本款由 2003 年 12 月 8 日第 162 号联邦法律修订）

2. 上述行为,有下列情形之一的:

（1）有预谋的团伙实施的;

(2)(失效);

(本项由2003年12月8日第162号联邦法律删除)

(3)利用自己的职务地位实施的,

处3年以上5年以下的剥夺自由,并处或不并处数额为8万卢布以下或被判刑人6个月以下的工资或其他收入的罚金。

(本款由2004年7月21日第73号联邦法律修订)

3. 本条第1款或第2款规定的行为,过失造成人员死亡的,

处7年以下的剥夺自由,并处或不并处8万卢布以下或被判刑人6个月以下的工资或其他收入的罚金。

(本款由2003年12月8日第162号联邦法律修订)

(本条由2001年6月19日第83号联邦法律增补)

第215-3条 破坏输油管道、石油产品输送管道和天然气管道

1. 毁坏、损坏输油管道、石油产品输送管道和天然气管道以及与之有技术关联的客体、构筑物、通讯手段、自动控制装置、信号系统或以其他方式使它们处于不能使用的状况,如果上述行为造成或可能造成其不能正常工作并且是出于贪利的动机或流氓动机而实施的,

处数额为40万卢布以上50万卢布以下或被判刑人7个月以上1年以下的工资或其他收入的罚金,或处1年以上2年以下的劳动改造,或处2年以上5年以下的剥夺自由。

2. 上述行为,而有下列情形之一的:

(1)有预谋的团伙实施的;

(2)对主干管线实施的,

处3年以上6年以下的剥夺自由。

3. 本条第1款和第2款规定的行为,过失造成人员死亡或其他严重后果的,

处5年以上8年以下的剥夺自由。

(本条由2006年12月30日第283号联邦法律增补)

第216条 违反采矿、建筑或其他工程的安全规则

1. 违反采矿、建筑或其他工程的安全规则,如果过失造成人员健康的严重损害的或造成巨大损失的,

处数额为8万卢布以下或被判刑人6个月以下的工资或其他收入的罚金;或处3年以下的限制自由;或处3年以下的剥夺自由,并处或不并处3年以下剥

夺担任一定职务或从事某种活动的权利。

（本款由 2003 年 12 月 8 日第 162 号联邦法律修订）

2．上述行为，过失致人死亡的，

处 5 年以下的限制自由；或处 5 年以下的剥夺自由，并处或不并处 3 年以下剥夺担任一定职务或从事某种活动的权利。

（本款由 2003 年 12 月 8 日第 162 号联邦法律修订）

3．本条第 1 款规定的行为，过失造成 2 人以上死亡的，

处 7 年以下的剥夺自由，并处或不并处 3 年以下剥夺担任一定职务或从事某种活动的权利。

（本款由 2003 年 12 月 8 日第 162 号联邦法律修订）

附注：本章各条中的巨大损失是指数额超过 50 万卢布的损失。

（本附注由 2003 年 12 月 8 日第 162 号联邦法律增补）

第 217 条　违反易爆工程中的安全规则

1．违反易爆工程或易爆车间中的安全规则，如果可能造成人员死亡或造成巨大损失的，

处数额为 8 万卢布以下或被判刑人 6 个月以下的工资或其他收入的罚金；或处 3 年以下的限制自由，并处或不并处 3 年以下剥夺担任一定职务或从事某种活动的权利。

（本款由 2003 年 12 月 8 日第 162 号联邦法律修订）

2．上述行为，过失造成人员死亡的，

处 5 年以下的限制自由；或处 5 年以下的剥夺自由，并处或不并处 3 年以下剥夺担任一定职务或从事某种活动的权利。

（本款由 2003 年 12 月 8 日第 162 号联邦法律修订）

3．本条第 1 款规定的行为，过失造成 2 人以上死亡的，

处 7 年以下的剥夺自由，并处或不并处 3 年以下剥夺担任一定职务或从事某种活动的权利。

（本款由 2003 年 12 月 8 日第 162 号联邦法律增补）

第 218 条　违反爆炸物品、易燃物品和烟火制品的登记、保管、运送和使用规则

违反爆炸物品、易燃物品和烟火制品的登记、保管、运送和使用规则，以及非法通过邮局寄送或作为行李非法托运这些物品，如果过失造成人员健康严重损害或人员死亡的，

处 5 年以下的限制自由；或处 5 年以下的剥夺自由，并处或不并处 3 年以下

剥夺担任一定职务或从事某种活动的权利。

（本条由 2003 年 12 月 8 日第 162 号联邦法律修订）

第 219 条 违反消防安全规则

1. 负有遵守消防安全规则责任的人员违反消防安全规则,并过失造成人员健康的严重损害的,

处数额为 8 万卢布以下或被判刑人 6 个月以下的工资或其他收入的罚金；或处 3 年以下的限制自由；或处 3 年以下的剥夺自由,并处或不并处 3 年以下剥夺担任一定职务或从事某种活动的权利。

（本款由 2003 年 12 月 8 日第 162 号联邦法律修订）

2. 上述行为,过失致人死亡的,

处 5 年以下的限制自由；或处 5 年以下的剥夺自由,并处或不并处 3 年以下剥夺担任一定职务或从事某种活动的权利。

（本款由 2003 年 12 月 8 日第 162 号联邦法律修订）

3. 本条第 1 款规定的行为,过失造成 2 人以上死亡的,

处 7 年以下的剥夺自由,并处或不并处 3 年以下剥夺担任一定职务或从事某种活动的权利。

（本款由 2003 年 12 月 8 日第 162 号联邦法律增补）

第 220 条 非法处理核材料或放射性物质

（本条题目由 1999 年 2 月 9 日第 26 号联邦法律修订）

1. 非法取得、保管、使用、移交或销毁核材料或放射性物质的,

处 2 年以下的限制自由；或处 4 个月以下的拘役；或处 2 年以下的剥夺自由。

（本款由 1999 年 2 月 9 日第 26 号联邦法律修订）

2. 上述行为,过失致人死亡或造成其他严重后果的,

处 5 年以下的限制自由；或处 5 年以下的剥夺自由。

（本款由 2003 年 12 月 8 日第 162 号联邦法律修订）

4. 本条第 1 款规定的行为,过失造成 2 人以上死亡的,

处 7 年以下的剥夺自由。

（本款由 2003 年 12 月 8 日第 162 号联邦法律增补）

第 221 条 侵占或勒索放射性材料或放射性物质

（本条题目由 1999 年 2 月 9 日第 26 号联邦法律修订）

1. 侵占或勒索放射性材料或放射性物质的,

处数额为 10 万卢布以上 50 万卢布以下或被判刑人 1 年以上 3 年以下的工资或其他收入的罚金;或处 5 年以下的剥夺自由。

(本条款由 1999 年 2 月 9 日第 26 号联邦法律、2003 年 12 月 8 日第 162 号联邦法律修订)

2. 上述行为,有下列情形之一的:

(1) 有预谋的团伙实施的;

(2)(失效);

(本项由 2003 年 12 月 8 日第 162 号联邦法律删除)

(3) 利用自己的职务地位实施的;

(4) 使用不危及生命或健康的暴力,或以使用这种暴力相威胁实施的,

处 4 年以上 7 年以下的剥夺自由。

3. 本条第 1 款或第 2 款规定的行为,有下列情形之一的:

(1) 有组织的集团实施的;

(2) 使用危及生命或健康的暴力,或以使用这种暴力相威胁实施的;

(本项由 2003 年 12 月 8 日第 162 号联邦法律修订)

(3)(失效),

(本项由 2003 年 12 月 8 日第 162 号联邦法律删除)

处 5 年以上 10 年以下的剥夺自由,并处或不并处数额为 100 万卢布以下或被判刑人 5 年以下的工资或其他收入的罚金。

(本款由 2003 年 12 月 8 日第 162 号联邦法律修订)

附注:(失效)

(本附注由 2003 年 12 月 8 日第 162 号联邦法律删除)。

第 222 条 非法获得、移交、销售、保管、运送或携带武器、武器的主要部件、弹药、爆炸物品和爆炸装置

(本条题目由 1998 年 6 月 25 日第 92 号联邦法律修订)

1. 非法获得、移交、销售、保管、运送或携带火器、火器的主要部件(民用滑膛枪、其主要部件和弹药除外)、弹药、爆炸物品或爆炸装置的,

处 3 年以下的限制自由;或处 6 个月以下的拘役;或处 4 年以下的剥夺自由,并处或不并处数额为 8 万卢布以下或被判刑人 6 个月以下的工资或其他收入的罚金。

(本款由 2003 年 12 月 8 日第 162 号联邦法律、2004 年 7 月 21 日第 73 号联邦法律修订)

2. 有预谋的团伙实施上述行为的，

处 2 年以上 6 年以下的剥夺自由。

（本款由 2003 年 12 月 8 日第 162 号联邦法律修订）

3. 有组织的集团实施本条第 1 款或第 2 款规定的行为的，

处 5 年以上 8 年以下的剥夺自由。

（本款由 1998 年 6 月 25 日第 92 号联邦法律修订）

4. 非法销售瓦斯武器、包括投掷武器在内的冷兵器的，

（本段由 2003 年 12 月 8 日第 162 号联邦法律修订）

处 180 小时以上 240 小时以下的强制性社会公益劳动；或处 1 年以上 2 年以下的劳动改造；或处 3 个月以上 6 个月以下的拘役；或处 2 年以下的剥夺自由，并处或不并处数额为 8 万卢布以下或被判刑人 6 个月以下的工资或其他收入的罚金。

（本款由 2003 年 12 月 8 日第 162 号联邦法律修订）

附注：主动交出本条所列物品的人员，如果其行为中没有其他犯罪构成，则免除刑事责任。本条和本法典第 223 条所列物品在拘捕犯罪人时被收缴以及在发现和收缴上述物品的侦查行为中被收缴的，不是主动交出上述物品。

（本附注由 2003 年 12 月 8 日第 162 号联邦法律增补）

第 223 条 非法制造武器

1. 非法制造或修理火器及其配套零件，以及非法制造弹药、爆炸物品或爆炸装置的，

处 2 年以上 4 年以下的剥夺自由。

（本款由 1998 年 6 月 25 日第 92 号联邦法律修订）

2. 有预谋的团伙实施上述行为的，

处 2 年以上 6 年以下的剥夺自由。

（本款由 2003 年 12 月 8 日第 162 号联邦法律修订）

3. 有组织的集团实施本条第 1 款或第 2 款规定的行为的，

处 5 年以上 8 年以下的剥夺自由。

（本款由 1998 年 6 月 25 日第 92 号联邦法律修订）

4. 非法制造瓦斯武器、包括投掷武器在内的冷兵器的，

处 180 小时以上 240 小时以下的强制性社会公益劳动；或处 1 年以上 2 年以下的劳动改造；或处 4 个月以上 6 个月以下的拘役；或处 2 年以下的剥夺自由。

附注：主动交出本条所列物品的人员，如果其行为不含有其他的犯罪构成，则免除刑事责任。

第 224 条 不经心保管火器

不经心保管火器，从而为他人使用这种武器创造条件，如果造成严重后果的，

处数额为 4 万卢布以下或被判刑人 3 个月以下的工资或其他收入的罚金；或处 180 小时以下的强制性社会公益劳动；或处 1 年以下的劳动改造；或处 2 年以下的限制自由；或处 6 个月以下的拘役。

（本条由 2003 年 12 月 8 日第 162 号联邦法律修订）

第 225 条 不正确履行保护武器、弹药、爆炸物品和爆炸装置的职责

1. 受委托保护火器、弹药、爆炸物品或爆炸装置的人员，不正确履行自己的义务，如果造成这些物品被盗窃或毁坏，或者发生其他严重后果的，

处数额为 4 万卢布以下或被判刑人 3 个月以下的工资或其他收入的罚金；或处 3 年以下的限制自由；或处 3 个月以上 6 个月以下的拘役；或处 2 年以下的剥夺自由，并处或不并处 3 年以下剥夺担任一定职务或从事某种活动的权利。

2. 不正确履行保护核武器、化学武器、生物武器或其他各种大规模杀伤性武器或可用于制造大规模杀伤性武器的材料或设备的义务，如果引起严重后果或构成发生这种后果的危险的，

处数额为 12 万卢布以下或被判刑人 1 年以下的工资或其他收入的罚金；或处 7 年以下的剥夺自由，并处 3 年以下剥夺担任一定职务或从事某种活动的权利。

（本款由 2002 年 5 月 7 日第 48 号联邦法律、2003 年 12 月 8 日第 162 号联邦法律修订）

第 226 条 侵占或勒索武器、弹药、爆炸物品或爆炸装置

1. 侵占或勒索火器及其配套零件、弹药、爆炸物品或爆炸装置的，

处 3 年以上 7 年以下的剥夺自由。

2. 侵占或勒索核武器、化学武器或其他各种大规模杀伤性武器，或者可用于制造大规模杀伤性武器的材料或设备的，

处 5 年以上 10 年以下的剥夺自由。

（本款由 2002 年 5 月 7 日第 48 号联邦法律修订）

3. 本条第 1 款或第 2 款规定的行为，有下列情形之一的：

（1）有预谋的团伙实施的；

(2)（失效）；

（本项由 2003 年 12 月 8 日第 162 号联邦法律删除）

(3) 利用自己的职务地位的人员实施的；

(4) 使用不危及生命或健康的暴力或以使用这种暴力相威胁实施的，

处 5 年以上 12 年以下的剥夺自由，并处或不并处 50 万卢布以下或被判刑人 3 年以下的工资或其他收入的罚金。

4. 本条第 1 款、第 2 款或第 3 款规定的行为，有下列情形之一的：

(1) 有组织的集团实施的；

(2) 使用危及生命或健康的暴力或以使用这种暴力相威胁实施的；

（本项由 2003 年 12 月 8 日第 162 号联邦法律修订）

(3)（失效），

（本项由 2003 年 12 月 8 日第 162 号联邦法律删除），

处 8 年以上 15 年以下的剥夺自由，并处或不并处 50 万卢布以下或被判刑人 3 年以下的工资或其他收入的罚金。

（本款由 2003 年 12 月 8 日第 162 号联邦法律修订）

第 227 条　海盗行为

1. 为了夺取他人的财产，使用暴力或以使用暴力相威胁袭击海洋船舶或内河船舶的，

处 5 年以上 10 年以下的剥夺自由。

2. 使用武器或使用其他物品作为武器实施上述行为的，

处 8 年以上 12 年以下的剥夺自由，并处或不并处 50 万卢布以下或被判刑人 3 年以下的工资或其他收入的罚金。

（本款由 2003 年 12 月 8 日第 162 号联邦法律修订）

3. 本条第 1 款或第 2 款规定的行为，如果是有组织的集团实施的或过失致人死亡或造成其他严重后果的，

处 10 年以上 15 年以下的剥夺自由，并处或不并处 50 万卢布以下或被判刑人 3 年以下的工资或其他收入的罚金。

（本款由 2003 年 12 月 8 日第 162 号联邦法律修订）

分则·第九编 危害公共安全和社会秩序的犯罪

第二十五章 危害居民健康和公共道德的犯罪

第 228 条 非法取得、保存、运送、制造、加工麻醉品、精神药物或其同类物品

1. 不以销售为目的而非法取得、保存、运送、制造、加工麻醉品、精神药物或其同类物品,数量巨大的,

处数额为4万卢布以下或被判刑人3个月以下的工资或其他收入的罚金;或处2年以下的劳动改造;或处3年以下的剥夺自由。

2. 上述行为,数量特别巨大的,

处3年以上10年以下的剥夺自由,并处或不并处50万卢布以下或被判刑人3年以下的工资或其他收入的罚金。

附注:1. 实施本条所规定犯罪的人,如果主动交出麻醉品、精神药物或其同类物品,并积极协助揭露或制止与麻醉品或精神药物以及同类物品的非法流通有关的犯罪,揭发犯罪人和起获赃物的,免除该犯罪的刑事责任。在拘捕犯罪人时,以及在进行发现和收缴麻醉品、精神药物或其同类物品的侦查行为时这些物品被收缴的,不是主动上交这些物品。

2. 本条以及本法典第228-1条和第229条中的数量巨大和数量特别巨大,由俄罗斯联邦政府规定。

(本项由2006年1月5日第11号联邦法律修订)

3. 麻醉品和精神药物同类物品数量巨大和数量特别巨大是指麻醉品、精神药物同类物品的数量相当于认定与之同类的麻醉品和精神药物的数量巨大或数量特别巨大。

(本款由2006年1月5日第11号联邦法律增补)

(本条由2003年12月8日第162号联邦法律修订)

第 228-1 条 非法生产、销售或寄送麻醉品、精神药物或其同类物品

1. 非法生产、销售或寄送麻醉品、精神药物或其同类物品的，

处 4 年以上 8 年以下的剥夺自由。

2. 上述行为，有下列情形之一的：

(1) 有预谋的团伙实施的；

(2) 数量巨大的；

(3) 年满 18 岁的人对明知未成年的人实施的，

处 5 年以上 12 年以下的剥夺自由，并处或不并处数额为 50 万卢布以下或被判刑人 3 年以下的工资或其他收入的罚金。

3. 本条第 1 款或第 2 款规定的行为，有下列情形之一的：

(1) 有组织的集团实施的；

(2) 利用自己的职务地位实施的；

(3) 对明知未满 14 岁的人实施的；

(4) 数量特别巨大的，

处 8 年以上 20 年以下的剥夺自由，并处或不并处数额为 100 万卢布以下或被判刑人 5 年以下的工资或其他收入的罚金。

(本条由 2003 年 12 月 8 日第 162 号联邦法律增补)

第 228-2 条　违反麻醉品或精神药物流通规则

1. 违反麻醉品或精神药物以及实行专门管制的用于制造麻醉品或精神药物的专门管制物质、器械或设备的生产、制造、加工、保管、登记、发放、销售、出卖、分配、运送、寄送、获得、使用、输入、输出规则或销毁规则，以及违反种植用于生产麻醉品或精神药物的植物规则，从而导致这些物品遗失，如果这些行为是负有遵守上述规则义务的人员实施的，

处数额为 12 万卢布以下或被判刑人 1 年以下的工资或其他收入的罚金；或处 3 年以下的剥夺自由，并处或不并处 3 年以下剥夺担任一定职务或从事某种活动的权利。

2. 出于贪利的动机实施上述行为的，或过失造成人员健康严重损害或其他严重后果的，

处数额为 10 万卢布以上 30 万卢布以下或被判刑人 1 年以上 2 年以下的工资或其他收入的罚金，或处 3 年以下的剥夺自由，并处 3 年以下剥夺担任一定职务或从事某种活动的权利。

(本条由 2003 年 12 月 8 日第 162 号联邦法律增补)

第 229 条　侵占或勒索麻醉品或精神药物

1. 侵占或勒索麻醉品或精神药物的,

处 3 年以上 7 年以下的剥夺自由。

2. 上述行为,有下列情形之一的:

(1) 有预谋的团伙实施的;

(2)（失效）;

（本项由 2003 年 12 月 8 日第 162 与联邦法律删除）

(3) 利用自己职务地位的人员实施的;

(4) 使用不危及生命或健康的暴力或以使用这种暴力相威胁实施的,

处 6 年以上 10 年以下的剥夺自由,并处或不并处数额为 50 万卢布以下或被判刑人 3 年以下的工资或其他收入的罚金。

（本款由 2003 年 12 月 8 日第 162 号联邦法律修订）

3. 本条第 1 款或第 2 款规定的行为,有下列情形之一的:

(1) 有组织的集团实施的;

(2) 麻醉品或精神药物数量巨大的;

(3) 使用危及生命或健康的暴力,或以使用这种暴力相威胁实施的;

（本项由 2003 年 12 月 8 日第 162 号联邦法律修订）

(4)（失效）,

（本项由 2003 年 12 月 8 日第 162 号联邦法律删除）

处 8 年以上 15 年以下的剥夺自由,并处或不并处数额为 50 万卢布以下或被判刑人 3 年以下的工资或其他收入的罚金。

（本款由 2003 年 12 月 8 日第 162 号联邦法律修订）

第 230 条　引诱他人服用麻醉品或精神药物

1. 引诱他人服用麻醉品或精神药物的,

处 3 年以下的限制自由;或处 6 个月以下的拘役;或处 5 年以下的剥夺自由。

（本款由 2003 年 12 月 8 日第 162 号联邦法律修订）

2. 上述行为,有下列情形之一的:

(1) 有预谋的团伙或有组织的集团实施的;

(2)（失效）;

(2003 年 12 月 8 日第 162 号联邦法律删除）

(3) 对明知未成年的人实施的或对 2 人以上实施的;

(4) 使用暴力或以使用暴力相威胁实施的,

处 3 年以上 8 年以下的剥夺自由。

3. 本条第 1 款或第 2 款规定的行为过失造成被害人死亡或其他严重后果的,

处 6 年以上 12 年以下的剥夺自由。

附注:对于为了预防艾滋病和其他危险传染病而宣传采用服用麻醉品或精神药物的器械和设备的情形,如果这些行为是根据与卫生部门行政机关和麻醉品和精神药物管制机关协商的结果进行的,本条不予适用。

(本附注由 2003 年 12 月 8 日第 162 号联邦法律增补)

第 231 条 非法栽培被禁止种植的含有麻醉物质的植物

1. 播种或培植被禁止种植的植物,以及种植各种大麻、罂粟或其他含有麻醉物质的植物的,

处数额为 30 万卢布以下或被判刑人 2 年以下的工资或其他收入的罚金;或处 2 年以下的剥夺自由。

(本款由 2003 年 12 月 8 日第 162 号联邦法律修订)

2. 上述行为,有下列情形之一的:

(1) 有预谋的团伙或有组织的集团伙施的;

(2) (失效);

(本项由 2003 年 12 月 8 日第 162 号联邦法律删除);

(3) 数量巨大的,

处 3 年以上 8 年以下的剥夺自由。

附注:本条中被禁止种植的含有麻醉物质的植物的数量由俄罗斯联邦卫生部确定。

(本附注由 2003 年 12 月 8 日第 162 号联邦法律增补)

第 232 条 开办或经营服用麻醉品或精神药物的窝点

1. 开办或经营服用麻醉品或精神药物的窝点的,

处 4 年以下的剥夺自由。

2. 有组织的集团实施上述行为的,

处 3 年以上 7 年以下的剥夺自由。

第 233 条 非法发给或伪造取得麻醉品或精神药物的处方或其他文件

非法发给或伪造取得麻醉品或精神药物的处方或其他文件的,

处数额为 8 万卢布以下或被判刑人 6 个月以下的工资或其他收入的罚金;或处 180 小时以下的强制性社会公益劳动;或处 1 年以下的劳动改造;或处 2 年

以下的剥夺自由,并处或不并处 3 年以下剥夺担任一定职务或从事某种活动的权利。

(本条由 2003 年 12 月 8 日第 162 号联邦法律修订)

第 234 条 以销售为目的非法流通烈性物质或剧毒物质

1. 以销售为目的非法制造、加工、获得、保存、运送或寄送以及非法销售不属于麻醉品或精神药物的烈性物质或剧毒物质的,或者非法销售用于制造或加工上述物质的设备的,

处数额为 4 万卢布以下或被判刑人 3 个月以下的工资或其他收入的罚金;或处 180 小时以下的强制性社会公益劳动;或处 1 年以下的劳动改造;或处 3 年以下的剥夺自由。

(本款由 2003 年 12 月 8 日第 162 号联邦法律修订)

2. 有预谋的团伙实施上述行为的,

处数额为 8 万卢布以下或被判刑人 6 个月以下的工资或其他收入的罚金,或处 120 小时以上 240 小时以下的强制性社会公益劳动;或处 1 年以上 2 年以下的劳动改造;或处 5 年以下的剥夺自由。

(本款由 2003 年 12 月 8 日第 162 号联邦法律修订)

3. 有组织的集团实施本条第 1 款或第 2 款规定的行为,或烈性物质数量巨大的,

处数额为 12 万卢布以下或被判刑人 1 年以下的工资或其他收入的罚金;或处 4 年以上 8 年以下的剥夺自由。

(本款由 2003 年 12 月 8 日第 162 号联邦法律修订)

4. 违反烈性物质或剧毒物质的生产、获得、保存、登记、发放、运送或寄送规则,并造成这些物品被盗窃或造成其他重大损害的,

处数额为 20 万卢布以下或被判刑人 18 个月以下的工资或其他收入的罚金;或处 2 年以下的劳动改造;或处 3 年以下的限制自由;或处 2 年以下的剥夺自由,并处或不并处 3 年以下担任一定职务或从事某种活动的权利。

(本款由 1998 年 6 月 25 日第 92 号联邦法律、2003 年 12 月 8 日第 162 号联邦法律修订)

第 235 条 非法从事私人医疗业务或私人制药活动

1. 从事私人医疗业务或私人制药活动的人员,如果没有从事所选择的该种活动的执照并过失损害他人健康的,

处数额为 12 万卢布以下或被判刑人 1 年以下的工资或其他收入的罚金;或

处 3 年以下的限制自由;或处 3 年以下的剥夺自由。

(本款由 2003 年 12 月 8 日第 162 号联邦法律修订)

2. 上述行为过失致人死亡的,

处 5 年以下的限制自由;或处 5 年以下的剥夺自由。

第 236 条 违反卫生防疫规则

1. 违反卫生防疫规则,过失造成众多人患病或中毒的,

处数额为 8 万卢布以下或被判刑人 6 个月以下的工资或其他收入的罚金;或处 3 年以下剥夺担任一定职务或从事某种活动的权利;或处 180 小时以下的强制性社会公益劳动;或处 1 年以下的劳动改造;或处 3 年以下的限制自由。

(本款由 2003 年 12 月 8 日第 162 号联邦法律修订)

2. 上述行为,过失致人死亡的,

处 180 小时以上 240 小时以下的强制性社会公益劳动;或处 6 个月以上 2 年以下的劳动改造;或处 5 年以下的限制自由;或处 5 年以下的剥夺自由。

(本款由 2003 年 12 月 8 日第 162 号联邦法律修订)

第 237 条 隐瞒关于危及人们生命或健康情况的信息

1. 有责任向居民提供关于危及人们生命或健康或周围环境的各种事件、事实或现象的信息的人员隐瞒或歪曲这种信息的,

处数额为 30 万卢布以下或被判刑人 2 年以下的工资或其他收入的罚金;或处 2 年以下的剥夺自由,并处或不并处 3 年以下剥夺担任一定职务或从事某种活动的权利。

(本款由 1999 年 3 月 18 日第 50 号联邦法律、由 2003 年 12 月 8 日第 162 号联邦法律修订)

2. 上述行为,如果是由担任俄罗斯联邦的国家职务或俄罗斯联邦各主体的国家职务的人员以及地方自治机关的首脑实施的,或者使人的健康受到损害,或者造成其他严重后果的,

处数额为 10 万卢布以上 50 万卢布以下或被判刑人 3 年以下的工资或其他收入的罚金;或处 5 年以下的剥夺自由,并处或不并处 3 年以下剥夺担任一定职务或从事某种活动的权利。

(本款由 2003 年 12 月 8 日第 162 号联邦法律修订)

第 238 条 生产、保管、运送或者销售不符合安全要求的商品、完成不符合安全要求的工作或提供不符合安全要求的服务

(本条题目由 1999 年 7 月 9 日第 157 号联邦法律修订)

1. 以销售为目的生产、保管、运送或者销售不符合消费者生命或健康安全要求的商品、完成不符合这种要求的工作或提供不符合这种要求的服务，以及非法颁发或非法使用确认上述商品、工作或服务符合安全要求的官方文件的，

（本段由1999年7月9日第157号联邦法律修订）

处数额为30万卢布以下或被判刑人2年以下的工资或其他收入的罚金；或处2年以下的限制自由；或处2年以下的剥夺自由。

（本款由2003年12月8日第162号联邦法律修订）

2. 上述行为，有下列情形之一的：

（1）有预谋的团伙或有组织的集团实施的；

（本项由1999年7月9日第157号联邦法律增补）

（2）（失效）；

（本项由2003年12月8日第162号联邦法律删除）

（3）涉及6岁以下儿童使用的商品、工作或服务的；

（4）过失造成人员健康的严重损害或过失造成人员死亡的，

（本项由1999年7月9日第157号联邦法律修订）

处数额为10万卢布以上50万卢布以下或被判刑人1年以上3年以下的工资或其他收入的罚金；或处3年以下的限制自由；或处6年以下的剥夺自由，并处或不并处50万卢布以下或被判刑人3年以下的工资或其他收入的罚金。

（本款由1999年7月9日第157号联邦法律、2003年12月8日第162号联邦法律修订）

3. 本条第1款或第2款规定的行为，过失造成2人以上死亡的，

处4年以上10年以下的剥夺自由。

第239条　组建侵害公民人身和权利的团体

1. 成立对公民使用暴力或以其他方式损害公民健康或诱使公民放弃履行公民义务或实施其他违法行为的宗教团体或社会团体的，以及对这种团体实行领导的，

处数额为20万卢布以下或被判刑人18个月以下的工资或其他收入的罚金；或处3年以下的剥夺自由。

（本款由2003年12月8日第162号联邦法律修订）

2. 参加上述团体的活动，以及宣传本条第1款规定的行为的，

处数额为12万卢布以下或被判刑人1年以下的的工资或其他收入的罚金；或处2年以下的剥夺自由。

（本款由 2003 年 12 月 8 日第 162 号联邦法律修订）

第 240 条 引诱卖淫

1. 引诱他人从事卖淫或强迫他人继续从事卖淫的，

处数额为 20 万卢布以下或被判刑人 18 个月以下的工资或其他收入的罚金；或处 3 年以下的限制自由；或处 3 年以下的剥夺自由。

2. 上述行为，有下列情形之一的：

（1）使用暴力或以使用暴力相威胁实施的；

（2）通过俄罗斯联邦国家边界转移被害人或非法将被害人扣留在国外的；

（3）有预谋的团伙实施的，

处 6 年以下的剥夺自由。

3. 本条第 1 款或第 2 款规定的行为，有组织的集团实施的或者对明知未成年的人实施的，

处 3 年以上 8 年以下的剥夺自由。

（本条由 2003 年 12 月 8 日第 162 号联邦法律修订）

第 241 条 组织卖淫

1. 旨在组织他人卖淫的行为，以及经营卖淫窝点或经常提供卖淫房舍的，

处数额为 10 万卢布以上 50 万卢布以下或被判刑人 1 年以上 3 年以下的工资或其他收入的罚金；或处 3 年以下的限制自由；或处 5 年以下的剥夺自由。

（本款由 2004 年 7 月 21 日第 73 号联邦法律修订）

2. 上述行为，有下列情形之一的：

（1）利用自己的职务地位实施的；

（2）使用暴力或以使用暴力相威胁实施的；

（3）利用明知未成年的人从事卖淫的，

处 6 年以下的剥夺自由。

3. 本条第 1 款或第 2 款规定的行为，利用明知未满 14 岁的人实施的，

处 3 年以上 10 年以下的剥夺自由。

（本条由 2003 年 12 月 8 日第 162 号联邦法律修订）

第 242 条 非法传播淫秽材料或物品

以传播或宣扬为目的非法制作，以及传播、宣扬淫秽材料或物品，以及非法贩卖淫秽性质的出版物、影像资料、图像或其他物品的，

处数额为 10 万卢布以下或被判刑人 1 年以下的工资或其他收入的罚金；或处 2 年以下的剥夺自由。

（本条由 2003 年 12 月 8 日第 162 号联邦法律修订）

第 242-1 条 制作或流通含有未成年人淫秽图像的材料或物品

1．年满 18 岁的人以传播、公开展示或广告为目的制作、保管或经过俄罗斯联邦国家边界运送含有明知未成年人淫秽图像的材料或物品的，或者传播、公开展示或广告含有这种材料或物品的，以及引诱明知未成年的人作为实行犯参加淫秽性质的演艺活动的，

处 6 年以下的剥夺自由。

2．上述行为，有下列情形之一的：

（1）父母或依法对未成年人负有教养义务的其他人，以及教师或对未成年人负有监管义务的未成年人教育机构、教养机构或其他机构的其他工作人员实施的；

（2）有预谋的团伙或有组织的集团实施的，

处 3 年以上 8 年以下的剥夺自由。

（本条由 2003 年 12 月 8 日第 162 号联邦法律增补）

第 243 条 毁灭或损坏文物

1．毁灭或损坏受国家保护的文物、自然综合体或客体以及具有历史或文化珍贵价值的物品或文件的，

处数额为 20 万卢布以下或被判刑人 18 个月以下的工资或其他收入的罚金；或处 2 年以下的剥夺自由。

（本款由 2003 年 12 月 8 日第 162 号联邦法律修订）

2．对特别珍贵的客体或具有全俄罗斯意义的文物实施上述行为的，

处数额为 10 万卢布以上 50 万卢布以下或被判刑人 1 年以上 3 年以下的工资或其他收入的罚金；或处 5 年以下的剥夺自由。

（本款由 2003 年 12 月 8 日第 162 号联邦法律修订）

第 244 条 亵渎死者遗体及其埋葬地

1．亵渎死者遗体或毁灭、损坏或玷污埋葬地、坟墓上的构筑物或举行安葬或悼念死者礼仪的公墓建筑物的，

处数额为 4 万卢布以下或被判刑人 3 个月以下的工资或其他收入的罚金；或处 120 小时以上 180 小时以下的强制性社会公益劳动；或处 1 年以下的劳动改造；或处 3 个月以下的拘役。

（本款由 2003 年 12 月 8 日第 162 号联邦法律修订）

2．上述行为，有下列情形之一的：

(1) 团伙、有预谋的团伙或有组织的集团实施的;

(2) 出于政治的、意识形态的、种族的、民族的或宗教的仇恨或敌视的动机实施的,以及对某一社会集团的仇恨或敌视的动机而实施的,以及对纪念反法西斯斗争或受法西斯迫害的牺牲者而建立的雕塑和建筑物,或对反法西斯战争参加者的墓地实施的;

(本项由 2007 年 7 月 24 日第 211 号联邦法律修订)

(3) 使用暴力或以使用暴力相威胁而实施的,

处 3 年以下的限制自由;或处 3 个月以上 6 个月以下的拘役;或处 5 年以下的剥夺自由。

(本段由 2007 年 5 月 10 日第 70 号联邦法律修订)

第 245 条 虐待动物

1. 虐待动物,造成动物的死亡或残疾,如果此种行为是出于流氓动机或贪利动机的,或使用极其残忍的方法实施的或有幼年人在场时实施的,

处数额为 8 万卢布以下或被判刑人 6 个月以下的工资或其他收入的罚金;或处 1 年以下的劳动改造;或处 6 个月以下的拘役。

(本款由 2003 年 12 月 8 日第 162 号联邦法律修订)

2. 团伙、有预谋的团伙或有组织的集团实施上述行为的,

处数额为 10 万卢布以上 30 万卢布以下或被判刑人 1 年以上 2 年以下的工资或其他收入的罚金;或处 2 年以下的剥夺自由。

(本款由 2003 年 12 月 8 日第 162 号联邦法律修订)

分则·第九编危害公共安全和社会秩序的犯罪

第二十六章 生态犯罪

第246条 工程施工过程中违反环境保护规则

在工业、农业、科学和其他项目的设计、布局、建设、投入使用和使用过程中，负责遵守环境保护规则的人员违反这种规则，并造成放射性环境的重大改变、人员健康受到损害、动物大量死亡或其他严重后果的，

处数额为10万卢布以下或被判刑人1年以下的工资或其他收入的罚金；或处120小时以上240小时以下的强制性社会公益劳动；或处1年以上2年以下的劳动改造；或处5年以下的剥夺自由，并处或不并处3年以下剥夺担任一定职务或从事某种活动的权利。

（本条由2003年12月8日第162号联邦法律修订）

第247条 违反生态危险物质和废料的处理规则

1. 违反现行规则生产被禁止种类的有害废料，运输、保管、埋藏、使用或以其他方式处理各种放射性的、细菌的、化学的物质和废料，如果这些行为构成严重损害人的健康或严重破坏环境的威胁的，

处数额为20万卢布以下或被判刑人18个月以下的工资或其他收入的罚金；或处3年以下的限制自由；或处2年以下的剥夺自由。

（本款由2003年12月8日第162号联邦法律修订）

2. 上述行为，造成环境的污染、毒化或感染的，造成人员健康损害或动物大量死亡，以及在发生生态灾难的地区或在生态形势严峻的地区实施的，

处数额为10万卢布以上30万卢布以下或被判刑人1年以上2年以下的工资或其他收入的罚金；或处5年以下的剥夺自由。

（本款由2003年12月8日第162号联邦法律修订）

3. 本条第1款或第2款规定的行为，过失造成人员死亡或大量患病的，

处 3 年以上 8 年以下的剥夺自由。

第 248 条 违反微生物或其他生物制剂或毒素的安全处理规则

1. 在处理微生物或其他生物制剂或毒素时违反安全规则,并造成人员健康损害、人畜流行病的蔓延或其他严重后果的,

处 180 小时以下的强制性社会公益劳动;或处 1 年以下的劳动改造;或处 2 年以下的剥夺自由,并处或不并处 3 年以下剥夺担任一定职务或从事某种活动的权利。

(本款由 2003 年 12 月 8 日第 162 号联邦法律修订)

2. 上述行为,过失致人死亡的,

处 180 小时以上 240 小时以下的强制性社会公益劳动;或处 6 个月以上 2 年以下的劳动改造;或处 5 年以下的剥夺自由,并处 3 年以下剥夺担任一定职务或从事某种活动的权利。

(本款由 2003 年 12 月 8 日第 162 号联邦法律修订)

第 249 条 违反动物防疫规则和植物病虫害防治规则

1. 违反动物防疫规则,过失造成动物流行病的蔓延或其他严重后果的,

处数额为 12 万卢布以下或被判刑人 1 年以下的工资或其他收入的罚金;或处 2 年以下的劳动改造;或处 3 年以下的限制自由;或处 2 年以下的剥夺自由。

(本款由 1998 年 6 月 25 日第 92 号联邦法律、2003 年 12 月 8 日第 162 号联邦法律修订)

2. 违反植物病虫害防治规则,过失造成严重后果的,

处数额为 12 万卢布以下或被判刑人 1 年以下的工资或其他收入的罚金;或处 1 年以下的劳动改造;或处 2 年以下的限制自由。

(本款由 1998 年 6 月 25 日第 92 号联邦法律、2003 年 12 月 8 日第 162 号联邦法律修订)

第 250 条 污染水体

1. 使地表水或地下水、饮用水源受到污染、堵塞和枯竭,或以其他方式使水的自然性质发生其他改变,如果这些行为使动物界、植物界、鱼类资源、林业或农业遭受重大损害的,

处数额为 8 万卢布以下或被判刑人 6 个月以下的工资或其他收入的罚金;或处 5 年以下的剥夺担任一定职务或从事某种活动的权利;或处 1 年以下的劳动改造;或处 3 个月以下的拘役。

(本款由 2003 年 12 月 8 日第 162 号联邦法律修订)

2. 上述行为,造成人员健康受到损害或动物大量死亡,以及在自然保护区或禁伐区、禁渔区、禁猎区内或在发生生态灾难的地区或在生态形势严峻的地区实施的,

处数额为 20 万卢布以下或被判刑人 18 个月以下的工资或其他收入的罚金;或处 1 年以上 2 年以下的劳动改造;或处 2 年以下的剥夺自由。

(本款由 2003 年 12 月 8 日第 162 号联邦法律修订)

3. 本条第 1 款或第 2 款规定的行为,过失致人死亡的,

处 5 年以下的剥夺自由。

(本款由 2003 年 12 月 8 日第 162 号联邦法律修订)

第 251 条　污染大气

1. 违反向大气排放污染物质的规则或违反各种装置、构筑物和其他客体的运营使用规则,如果这种行为造成空气的污染或空气自然性质的其他改变的,

处数额为 8 万卢布以下或被判刑人 6 个月以下的工资或其他收入的罚金;或处 5 年以下剥夺担任一定职务或从事某种活动的权利;或处 1 年以下的劳动改造;或处 3 个月以下的拘役。

(本款由 2003 年 12 月 8 日第 162 号联邦法律修订)

2. 上述行为,过失造成人员健康损害的,

处数额为 20 万卢布以下或被判刑人 18 个月以下的工资或其他收入的罚金;或处 1 年以上 2 年以下的劳动改造;或处 2 年以下的剥夺自由。

(本款由 1998 年 6 月 25 日第 92 号联邦法律、2003 年 12 月 8 日第 162 号联邦法律修订)

3. 本条第 1 款或第 2 款规定的行为,过失致人死亡的,

处 5 年以下的剥夺自由。

(本款由 2003 年 12 月 8 日第 162 号联邦法律修订)

第 252 条　污染海洋环境

1. 从陆地上的污染源污染海洋环境,或者由于违反埋藏危害人的健康和海洋动物资源或妨碍合法利用海洋环境的物质和材料的规则或违反从运输工具或从在海上建造的人造岛屿、装置或构筑物向海洋排放这种物质和材料或排放妨碍海洋环境的正常利用的规则而污染海洋环境的,

(本段由 2007 年 4 月 9 日第 46 号联邦法律修订)

处数额为 20 万卢布以下或被判刑人 18 月以下的工资或其他收入的罚金;或处 5 年以下剥夺担任一定职务或从事某种活动的权利;或处 2 年以下的劳动

改造；或处 4 个月以下的拘役。

（本款由 2003 年 12 月 8 日第 162 号联邦法律修订）

2. 上述行为，对人的健康、动物界或植物界、鱼类资源、环境、休养地区或受法律保护的其他利益造成重大损害的，

处 2 年以下的剥夺自由，并处数额为 4 万卢布以下或被判刑人 3 个月以下的工资或其他收入的罚金。

（本款由 2003 年 12 月 8 日第 162 号联邦法律修订）

3. 本条第 1 款或第 2 款规定的行为，过失致人死亡的，

处 5 年以下的剥夺自由。

（本款由 2003 年 12 月 8 日第 162 号联邦法律修订）

第 253 条 违反俄罗斯联邦关于俄罗斯联邦大陆架和专属经济区的立法

1. 在俄罗斯联邦的大陆架非法建造人造岛屿、装置或构筑物，在其周围或在俄罗斯联邦的专属经济区非法建立安全区，以及违反保证航海安全的人造岛屿、装置、构筑物或设施的建筑、使用、保护和拆除规则的，

（本段由 2007 年 4 月 9 日第 46 号联邦法律修订）

处数额为 10 万卢布以上 30 万卢布以下或被判刑人 1 年以上 2 年以下的工资或其他收入的罚金；或处 3 年以下剥夺担任一定职务或从事某种活动的权利；或处 2 年以下的劳动改造。

（本款由 2004 年 12 月 28 日第 175 号联邦法律修订）

2. 未经有关部门的许可对俄罗斯联邦大陆架或俄罗斯联邦专属经济区的自然资源进行调查、寻找、勘探和开采的，

（本段由 2007 年 4 月 9 日第 46 号联邦法律修订）

处数额为 10 万卢布以上 50 万卢布以下或被判刑人 1 年以上 3 年以下的工资或其他收入的罚金，并处或不并处 3 年以下剥夺担任一定职务或从事某种活动的权利。

（本款由 2004 年 12 月 28 日第 175 号联邦法律修订）

第 254 条 毁坏土地

1. 由于在肥料、植物生长素、农药和其他有毒化学物质或生物物质的保管、使用和运输过程中违反这些物质的处理规则而使土地受到经济活动或其他活动有害产品的毒化、污染或其他破坏，导致人的健康或周围环境受到损害的，

处数额为 20 万卢布以下或被判刑人 18 个月以下的工资或其他收入的罚金；或处 3 年以下剥夺担任一定职务或从事某种活动的权利；或处 2 年以下的劳

动改造。

（本款由 2003 年 12 月 8 日第 162 号联邦法律修订）

2. 在发生生态灾难的地区或在生态形势严峻的地区实施上述行为的，

处 2 年以下的限制自由或处 2 年以下的剥夺自由。

（本款由 2003 年 12 月 8 日第 162 号联邦法律修订）

3. 本条第 1 款或第 2 款规定的行为，过失致人死亡的，

处 5 年以下的剥夺自由。

（本款由 2003 年 12 月 8 日第 162 号联邦法律修订）

第 255 条 违反地下资源的保护和使用规则

在采矿企业和非采矿用地下构筑物的设计、布局、建设、投入运营和运营的过程中违反地下资源的保护和利用规则，以及擅自建设有用矿物的开采层面，如果上述行为造成重大损失的，

处数额为 20 万卢布以下或被判刑人 18 个月以下的工资或其他收入的罚金；或处 3 年以下剥夺担任一定职务或从事某种活动的的权利；或处 2 年以下的劳动改造。

（本条由 2003 年 12 月 8 日第 162 号联邦法律修订）

第 256 条 非法捕捞水生动物和植物

1. 非法捕捞鱼类、海兽和其他水生动物或有捕捞价值的海洋植物，有下列情形之一的：

（1）造成巨大损失的；

（2）使用自动推进的运输漂浮工具或爆炸物质和化学物质、电流或者大规模杀伤上述水生动物和植物的其他手段实施的；

（3）在鱼类产卵地区或在其回游通道上实施的；

（4）在自然保护区、禁渔区或发生生态灾难的地区或生态形势严峻的地区实施的，

处数额为 20 万卢布以下或被判刑人 18 个月以下的工资或其他收入的罚金；或处 2 年以下的劳动改造；或处 4 个月以上 6 个月以下的拘役。

（本款由 2004 年 12 月 28 日第 175 号联邦法律修订）

2. 在公海或在禁区内捕猎海狗、海狸或其他海洋哺乳动物的，

处数额为 10 万卢布以上 30 万卢布以下或被判刑人 1 年以上 2 年以下的工资或其他收入的罚金；或处 2 年以下的劳动改造；或处 3 个月以上 6 个月以下的拘役。

（本款由 2004 年 12 月 28 日第 175 号联邦法律修订）

3. 本条第 1 款或第 2 款规定的行为,如果是利用自己的职务地位的人员实施的或有预谋的团伙或有组织的集团实施的,

处数额为 10 万卢布以上 50 万卢布以下或被判刑人 1 年以上 3 年以下的工资或其他收入的罚金;或处 2 年以下的剥夺自由,并处或不并处 3 年以下剥夺担任一定职务或从事某种活动的权利。

（本款由 2004 年 12 月 28 日第 175 号联邦法律修订）

第 257 条　违反鱼类资源保护规则

在进行木排放送,建筑桥梁和堤坝,从林木采伐区运输木材和其他林业产品,进行爆炸和其他工程,以及利用引水构筑物和汲水装置时违反鱼类资源保护规则,如果这些行为导致鱼类或其他水生动物大量死亡、饵料资源大量毁灭或造成其他严重后果的,

（本段由 2006 年 12 月 4 日第 201 号联邦法律修订）

处数额为 20 万卢布以下或被判刑人 18 个月以下的工资或其他收入的罚金;或处 3 年以下剥夺担任一定职务或从事某种活动的权利;或处 2 年以下的劳动改造。

（本款由 2003 年 12 月 8 日第 162 号联邦法律修订）

第 258 条　非法狩猎

1. 非法狩猎,有下列情形之一的:

（1）造成巨额损失的;

（2）使用机械运输工具或飞机、爆炸物品、瓦斯或大量杀伤鸟兽的其他手段的;

（3）对完全禁止猎取的鸟兽实施的;

（4）在自然保护区、禁猎区或在发生生态灾难的地区或在生态形势严峻的地区实施的,

处数额为 20 万卢布以下或被判刑人 18 个月以下的工资或其他收入的罚金;或处 2 年以下的劳动改造;或处 4 个月以上 6 个月以下的拘役。

（本款由 2003 年 12 月 8 日第 162 号联邦法律修订）

2. 利用自己职务地位实施的或有预谋的团伙或有组织的集团实施上述行为的,

处数额为 10 万卢布以上 30 万卢布以下或被判刑人 1 年以上 2 年以下的工资或其他收入的罚金;或处 2 年以下的剥夺自由,并处或不并处 3 年以下剥夺担

任一定职务或从事某种活动的权利。

（本款由 2003 年 12 月 8 日第 162 号联邦法律修订）

第 259 条 毁灭列入《俄罗斯联邦红皮书》的生物的关键性栖生地

毁灭列入《俄罗斯联邦红皮书》的生物的关键性栖生地，导致这些生物种群灭绝的，

处 3 年以下的限制自由或处 3 年以下的剥夺自由。

第 260 条 非法采伐林木

（本条题目由 2006 年 12 月 4 日第 201 号联邦法律修订）

1. 对一类森林中或各类特别森林保护区内的树木、灌木和藤本植物，以及对不属于森林资源但禁止采伐的树木、灌木和藤本植物进行非法采伐和损坏致使其停止生长，如果这种行为是相当大量实施的，

（本段由 2006 年 12 月 4 日第 201 号联邦法律修订）

处数额为 4 万卢布以下或被判刑人 3 个月以下的工资或其他收入的罚金；或处 3 年以下剥夺担任一定职务或从事某种活动的权利；或处 6 个月以上 1 年以下的劳动改造；或处 3 个月以下的拘役。

（本款由 2003 年 12 月 8 日第 162 号联邦法律修订）

2. 对各个类别森林中的树木或不属于森林资源的种植物进行非法采伐以及损坏致使其停止生长的，如果这种行为有下列情形之一的：

（本段由 2006 年 12 月 4 日第 201 号联邦法律修订）

（1）团伙实施的；

（2）（失效）；

（本项由 2003 年 12 月 8 日第 162 号联邦法律删除）

（3）利用自己职务地位的人员实施的；

（4）数量巨大的，

处数额为 20 万卢布以下或被判刑人 18 个月以下的工资或其他收入的罚金；或处 180 小时以上 240 小时以下的强制性社会公益劳动；或处 1 年以上 2 年以下的劳动改造；或处 2 年以下的剥夺自由，并处或不并处 3 年以下剥夺担任一定职务或从事某种活动的权利。

（本款由 2001 年 12 月 29 日第 192 号联邦法律、2003 年 12 月 8 日第 162 号联邦法律修订）

3. 本条第 1 款或第 2 款规定的行为，数量特别巨大的，有预谋的团伙实施的或有组织的集团实施的，

处数额为10万卢布以上50万卢布以下或被判刑人1年以上3年以下的工资或其他收入的罚金;或处3年以下的剥夺自由,并处或不并处3年以下剥夺担任一定职务或从事某种活动的权利。

(本款由2001年12月29日第192号联邦法律、2003年12月8日第162号联邦法律修订)

附注:本条中所说的相当大量,是指对森林资源和不属于森林资源的森林树木、灌木和藤本植物造成的损失按照俄罗斯联邦政府规定的价格计算超过1万卢布,而数量巨大是指这种损失超过10万卢布,数量特别巨大是指这种损失超过25万卢布。

(本附注由2001年12月29日第192号联邦法律、2003年12月8日第162号联邦法律、2006年12月4日第201号联邦法律修订)

第261条 毁灭或损坏林木

(本条题目由2006年12月4日第201号联邦法律修订)

1. 由于对火或其他高度危险源采取疏忽态度,致使林木以及其他种植物毁灭或损坏的,

(本段由2006年12月4日第201号联邦法律修订)

处数额为20万卢布以下或被判刑人18个月以下的工资或其他收入的罚金;或处2年以下的劳动改造;或处2年以下的剥夺自由。

(本款由2003年12月8日第162号联邦法律修订)

2. 以纵火或其他危害公众的方式,或者造成污染或以其他不良影响,从而使林木和种植物毁灭或损坏的,

(本段由2006年12月4日第201号联邦法律修订)

处数额为10万卢布以上30万卢布以下或被判刑人1年以上2年以下的工资或其他收入罚金;或处7年以下的剥夺自由,并处或不并处10万卢布以下或被判刑人1年以下的工资或其他收入的罚金。

(本款由2003年12月8日第162号联邦法律修订)

第262条 违反受特殊保护的自然区域和自然客体的制度

违反自然保护区、禁渔禁猎禁伐区、国家公园、自然遗迹及其他受国家特殊保护的自然区域的制度,造成相当大量损失的,

处数额为20万卢布以下或被判刑人18个月以下的工资或其他收入的罚金;或处3年以下剥夺担任一定职务或从事某种活动的权利;或处2年以下的劳动改造。

(本款由2003年12月8日第162号联邦法律修订)

分则·第九编 危害公共安全和社会秩序的犯罪

第二十七章 危害交通安全和交通运输运营安全的犯罪

第263条 违反铁路、航空或水上交通安全规则和运营安全规则

1. 由于所执行的工作或所担任的职务而有义务遵守铁路、航空、海洋或内河运输的运行安全和运营安全规则的人员违反这种规则，如果此种行为过失造成人员健康的严重损害的，

处5年以下的限制自由；或处3个月以上6个月以下的拘役；或处2年以下的剥夺自由，并处或不并处3年以下剥夺担任一定职务 或从事某种活动的权利。

（本款由2003年12月8日第162号联邦法律修订）

2. 上述行为过失致人死亡的，

处5年以下的剥夺自由。

3. 本条第1款规定的行为，过失造成2人以上死亡的，

处7年以下的剥夺自由。

（本款由2003年12月8日第162号联邦法律修订）

第264条 违反道路交通规则和交通工具使用规则

1. 驾驶汽车、有轨电车或其他机动运输工具的人员，违反交通规则或交通运输工具的使用规则，过失造成人员健康的严重损害的，

处5年以下的限制自由；或处3个月以上6个月以下的拘役；或处2年以下的剥夺自由，并处或不并处3年以下剥夺驾驶交通运输工具的权利。

（本款由1998年6月25日第92号联邦法律、2003年12月8日第162号联邦法律修订）

2. 上述行为,过失致人死亡的,

处 5 年以下的剥夺自由,并处 3 年以下剥夺驾驶交通工具的权利。

3. 本条第 1 款规定的行为,过失造成 2 人以上死亡的,

处 7 年以下的剥夺自由,并处 3 年以下剥夺驾驶交通工具的权利。

(本款由 2003 年 12 月 8 日第 162 号联邦法律修订)

附注:本条所说的其他交通运输工具,是指无轨电车、拖拉机和其他自动推进的机械、摩托车以及其他机动运输工具。

第 265 条 逃离交通事故现场(失效)

(本条由 2003 年 12 月 8 日第 162 号联邦法律删除)

第 266 条 对交通运输工具进行劣质修理和将有技术缺陷的交通工具投入使用

1. 负责交通运输工具技术状态的人员,对交通运输工具、道路、信号或通讯手段或者其他运输设备进行劣质修理,以及将有技术缺陷的交通运输工具投入使用,如果这些行为过失地造成人员健康的严重损害的,

处数额为 10 万卢布以上 30 万卢布以下或被判刑人 1 年以上 2 年以下的工资或其他收入的罚金;或处 2 年以上 3 年以下的剥夺自由;或处 6 个月以下的拘役,并处或不并处 3 年以下剥夺担任一定职务或从事某种活动的权利。

(本款由 2003 年 12 月 8 日第 162 号联邦法律修订)

2. 上述行为,过失致人死亡的,

处 5 年以下的剥夺自由。

3. 本条第 1 款规定的行为,过失造成 2 人以上死亡的,

处 7 年以下的剥夺自由。

(本款由 2003 年 12 月 8 日第 162 号联邦法律修订)

第 267 条 破坏交通工具或道路

1. 毁坏、损坏或采用其他手段致使运输工具、道路、信号或通讯手段或其他运输设备无法使用,以及使交通线路堵塞,如果这些行为造成人员健康的严重损害或造成巨大损失的,

处数额为 10 万卢布以上 30 万卢布以下或被判刑人 1 年以上 2 年以下的工资或其他收入的罚金;或处 4 年以下的剥夺自由。

(本款由 2003 年 12 月 8 日第 162 号联邦法律修订)

2. 上述行为,过失致人死亡的,

处 3 年以上 8 年以下的剥夺自由。

3. 本条第 1 款规定的行为,过失造成 2 人以上死亡的,

处 6 年以上 10 年以下的剥夺自由。

第 268 条 违反保证交通运输安全工作的规则

1．乘客、行人或（本法典第 263 条和第 264 条所列人员以外的）交通运输的其他参加者违反交通运输工具运行或运营安全的规则，如果这种行为过失造成人员健康的严重损害的，

处 3 年以下的限制自由；或处 2 个月以上 4 个月以下的拘役；或处 2 年以下的剥夺自由。

（本款由 2003 年 12 月 8 日第 162 号联邦法律修订）

2．上述行为，过失致人死亡的，

处 5 年以下的限制自由；或处 5 年以下的剥夺自由。

3．本条第 1 款规定的行为，过失造成 2 人以上死亡的，

处 7 年以下的剥夺自由。

（本款由 2003 年 12 月 8 日第 162 号联邦法律修订）

第 269 条 违反管道干线的建设、运营或修理安全规则

1．违反管道干线的建设、运营或修理的安全规则，如果这种行为过失造成人员健康严重损害的，

处 4 年以下的限制自由；或处 3 个月以上 6 个月以下的拘役；或处 2 年以下的剥夺自由，并处或不并处 3 年以下剥夺担任一定职务或从事某种活动的权利。

（本款由 2003 年 12 月 8 日第 162 号联邦法律修订）

2．上述行为，过失致人死亡的，

处 5 年以下的剥夺自由。

3．本条第 1 款规定的行为，过失造成 2 人以上死亡的，

处 7 年以下的剥夺自由。

（本款由 2003 年 12 月 8 日第 162 号联邦法律修订）

第 270 条 船长对遇险者不提供救助

船长对在海上或其他水路上的遇险者不提供救助，如果能够提供这种救助而对自己的船只、船员和乘客没有严重危险的，

处数额为 20 万卢布以下或被判刑人 18 个月以下的工资或其他收入的罚金；或处 3 年以下的限制自由；或处 2 年以下的剥夺自由，并处或不并处 3 年以下剥夺担任一定职务或从事某种活动的权利。

（本条由 2003 年 12 月 8 日第 162 号联邦法律修订）

第 271 条 违反国际飞行规则

不遵守许可证上所指明的路线、着陆地点、起飞出口、飞行高度或实施其他违反国际飞行规则的行为的,

处数额为 20 万卢布以下或被判刑人 18 个月以下的工资或其他收入的罚金;或处 2 年以下的限制自由;或处 3 个月以上 6 个月以下的拘役,并处或不并处 3 年以下剥夺担任一定职务或从事某种活动的权利。

(本条由 2003 年 12 月 8 日第 162 号联邦法律修订)

分则·第九编 危害公共安全和社会秩序的犯罪

第二十八章　计算机信息领域的犯罪

第272条　非法调取计算机信息

1. 非法调取受法律保护的计算机信息,即非法调取机器载体上、在电子计算机上、在电子计算机系统或网络上的信息,如果这种行为导致信息的毁坏、闭锁、变异或信息复制,致使电子计算机、电子计算机系统或电子计算机网络的工作遭到破坏的,

处数额为20万卢布以下或被判刑人18个月以下的工资或其他收入的罚金;或处6个月以上1年以下的劳动改造;或处2年以下的剥夺自由。

(本款由2003年12月8日第162号联邦法律修订)

2. 上述行为,如果是有预谋的团伙或有组织的集团实施的,或者利用自己的职务地位实施的,以及是有可能进入计算机、计算机系统或其网络的人员实施的,

处数额为10万卢布以上30万卢布以下或被判刑人1年以上2年以下的工资或其他收入的罚金;或处1年以上2年以下的劳动改造;或处3个月以上6个月以下的拘役;或处5年以下的剥夺自由。

(本款由2003年12月8日第162号联邦法律修订)

第273条　编制、使用和传播有害的电子计算机程序

1. 编制计算机程序或对现有程序进行修改,明知这些程序和修改会导致信息未经许可的毁坏、闭锁、变异或复制,导致电子计算机、电子计算机系统或其网络工作的破坏的,以及使用或传播这些程序或带有这些程序的机器载体的,

处3年以下的剥夺自由,并处数额为20万卢布以下或被判刑人18个月以下的工资或其他收入的罚金。

(本款由2003年12月8日第162号联邦法律修订)

2. 上述行为,过失造成严重后果的,

处 3 年以上 7 年以下的剥夺自由。

第 274 条 违反电子计算机、电子计算机系统或其网络的使用规则

1. 有可能进入电子计算机、电子计算机系统或其网络的人员违反电子计算机、电子计算机系统或其网络的使用规则,导致受法律保护的电子计算机信息的遗失、闭锁或变异,如果这种行为造成重大损害的,

处 5 年以下剥夺担任一定职务或从事某种活动的权利,或处 180 小时以上 240 小时以下的强制性社会公益劳动,或处 2 年以下的限制自由。

2. 上述行为,过失造成严重后果的,

处 4 年以下的剥夺自由。

分则・第十编 反对国家政权的犯罪

第二十九章 侵害宪法制度基本原则和国家安全的犯罪

第275条 背叛国家

背叛国家,即俄罗斯联邦公民从事间谍活动,出卖国家机密,或以其他方式为外国国家、外国组织或其代理人进行危害俄罗斯联邦外部安全的敌对活动提供帮助的,

处12年以上20年以下的剥夺自由,并处或不并处数额为50万卢布以下或被判刑人3年以下的工资或其他收入的罚金。

(本条由2003年12月8日第162号联邦法律修订)

附注:实施本条及本法典第276条、第278条所规定犯罪的人,如果主动和及时向权力机关举报,或以其他方式帮助制止继续损害俄罗斯联邦利益,并且在其行为中不含有其他犯罪构成的,可免除刑事责任。

第276条 间谍活动

外国公民或无国籍人向外国国家、外国组织或其代理人交付以及为交付而搜集、窃取或保存构成国家机密的情报,以及接受外国情报机构的任务交付或搜集其他情报,以便用来危害俄罗斯联邦的外部安全的,

处10年以上20年以下的剥夺自由。

第277条 侵害国务活动家和社会活动家的生命

为终止国务活动家或社会活动家的国务活动或其他政治活动,或出于对这些活动的报复而侵害他们生命的,

处12年以上20年以下的剥夺自由;或处终身剥夺自由;或处死刑。

(本条由2004年7月21日第73号联邦法律、2006年7月27日第153号联

邦法律修订）

第 278 条 暴力夺取政权或暴力掌握政权

违反《俄罗斯联邦宪法》，实施旨在暴力夺取政权和暴力掌握政权的行为，以及旨在暴力改变俄罗斯联邦宪法制度的行为的，

处 12 年以上 20 年以下的剥夺自由。

第 279 条 武装暴乱

意图推翻或暴力改变俄罗斯联邦的宪法制度或为破坏俄罗斯联邦的领土完整而组织武装暴乱或积极参加武装暴乱的，

处 12 年以上 20 年以下的剥夺自由。

第 280 条 公开号召进行极端主义活动

（本条题目由 2002 年 7 月 25 日第 112 号联邦法律修订）

1. 公开号召进行极端主义活动的，

（本段由 2002 年 7 月 25 日第 112 号联邦法律修订）

处数额为 30 万卢布以下或被判刑人 2 年以下的工资或其他收入的罚金；或处 4 个月以上 6 个月以下的拘役；或处 3 年以下的剥夺自由。

（本款由 2003 年 12 月 8 日第 162 号联邦法律修订）

2. 利用大众信息媒体实施上述行为的，

处 5 年以下的剥夺自由，并处 3 年以下剥夺担任一定职务或从事某种活动的权利。

（本段由 1999 年 7 月 9 日第 156 号联邦法律修订）

（本款由 2003 年 12 月 8 日第 162 号联邦法律修订）

第 281 条 破坏活动

1. 为破坏俄罗斯联邦经济安全和防御能力而实施爆炸、纵火或其他旨在毁坏或损坏企业、构筑物、道路和交通工具、通讯工具、居民生活保障设施的，

处 10 年以上 15 年以下的剥夺自由。

2. 有组织的集团实施上述行为的，

处 12 年以上 20 年以下的剥夺自由。

第 282 条 煽动仇恨或敌视以及侮辱人格

1. 旨在煽动仇恨或敌视以及因性别、种族、民族、语言、出身、对宗教的态度以及任何社会集团属性而侮辱个人、集团的人格尊严的行为，如果这些行为是公开的或利用大众信息媒体实施的，

处数额为 10 万卢布以上 30 万卢布以下或被判刑人 1 年以上 2 年以下的工资或其他收入的罚金；或处 3 年以下剥夺担任一定职务或从事某种活动的权利；或处 180 小时以下的强制性社会公益劳动；或处 1 年以下的劳动改造；或处 2 年以下的剥夺自由。

2. 实施上述行为，有下列情形之一的：
(1) 使用暴力或以使用暴力相威胁实施的；
(2) 利用自己的职务地位实施的；
(3) 有组织的集团实施的，

处数额为 10 万卢布以上 50 万卢布以下或被判刑人 1 年以上 3 年以下的工资或其他收入的罚金；或处 5 年以下剥夺担任一定职务或从事某种活动的权利；或处 120 小时以上 240 小时以下的强制性社会公益劳动；或处 1 年以上 2 年以下的劳动改造；或处 5 年以下的剥夺自由。

（本款由 2003 年 12 月 8 日第 162 号联邦法律修订）

第 282-1 条　组建极端主义团体

1. 为了实施极端主义犯罪而组建极端主义团体，即组建有组织的集团的，以及领导这种极端主义团体、这种团体之组成部分或下属部门的，以及领导这种极端主义团体、这种团体的组成部分或下属部门的，以及为了制定实施极端主义犯罪的计划和（或）条件而成立这种团体组成部分、下属部门的组织者、领导人或其他代表人物的联合组织的，

（本段由 2007 年 7 月 24 日第 211 号联邦法律修订）

处数额为 20 万卢布以下或被判刑人 18 个月以下的工资或其他收入的罚金；或处 5 年以下剥夺担任一定职务或从事某种活动的权利；或处 4 年以下的剥夺自由。

（本款由 2003 年 12 月 8 日第 162 号联邦法律修订）

2. 参加极端主义团体的，

处数额为 4 万卢布以下或被判刑人 3 个月以下的工资或其他收入的罚金；或处 2 年以下的剥夺自由，并处或不并处 3 年以下剥夺担任一定职务或从事某种活动的权利。

（本款由 2003 年 12 月 8 日第 162 号联邦法律修订）

3. 本条第 1 款或第 2 款规定的行为，如果是利用自己的职务地位实施的，

处数额为 10 万卢布以上 30 万卢布以下或被判刑人 1 年以上 2 年以下的工资或其他收入的罚金；或处 6 年以下的剥夺自由，并处 3 年以下剥夺担任一定职

务或从事某种活动的权利。

（本款由2003年12月8日第162号联邦法律、2004年7月21日第73号联邦法律修订）

附注：1. 如果社会团体或宗教团体或其他组织因从事极端主义活动而被法院作出取缔或禁止其活动的裁判并且判决已经生效,自动终止参与其活动的人员,如其行为不含有其他犯罪构成,则免除刑事责任。

2. 本条中的极端主义犯罪是指出于政治的、意识形态的、种族的、民族的或宗教的仇恨或敌视或出于对某一社会集团的仇恨或敌视的动机而实施的本法典分则条款和本法典第63条第1款第5项所规定的犯罪。

（本附注由2007年7月24日第211号联邦法律修订）

（本条由2002年7月25日第112号联邦法律增补）

第282-2条　组织极端主义团体的活动

1. 在法院以从事极端主义活动为由已经作出取缔社会团体、宗教团体或其他团体或禁止其活动的裁判,而且法院的裁判已经发生法律效力的情况下组织上述团体或组织的活动的,

处数额为10万卢布以上30万卢布以下或被判刑人1年以上2年以下的工资或其他收入的罚金;或处4个月以上6个月以下的拘役;或处3年以下的剥夺自由。

（本款由2003年12月8日第162号联邦法律修订）

2. 在法院以从事极端主义活动为由已经作出取缔社会团体、宗教团体或其他团体或禁止其活动的裁判,而且法院的裁判已经发生法律效力的情况下参加上述团体或组织的活动的,

处数额为20万卢布以下或被判刑人18个月以下的工资或其他收入的罚金;或处4个月以下的拘役;或处2年以下的剥夺自由。

（本款由2003年12月8日第162号联邦法律修订）

附注：在法院以从事极端主义活动为由已经作出取缔社会团体、宗教团体或其他团体或禁止其活动的裁判,而且法院的裁判已经发生法律效力的情况下参加上述团体或组织的活动的人员主动终止参加这种活动的,如果其行为不含有其他犯罪构成,免除刑事责任。

（本条由2002年7月25日第112号联邦法律增补）

第283条　泄露国家机密

1. 因职务关系或工作关系保管或知悉构成国家机密的信息资料的人员泄

露信息,致使这些信息为他人所占有,如果没有背叛国家罪要件的,

处 4 个月以上 6 个月以下的拘役;或处 4 年以下的剥夺自由,并处或不并处 3 年以下剥夺担任一定职务或从事某种活动的权利。

2. 上述行为,过失造成严重后果的,

处 3 年以上 7 年以下的剥夺自由,并处 3 年以下剥夺担任一定职务或从事某种活动的权利。

(本条由 1998 年 6 月 25 日第 92 号联邦法律修订)

第 284 条　遗失含有国家机密的文件

有可能接触国家机密的人员违反含有国家机密的文件及有关信息构成国家机密的物品的管理规则,如果过失将其遗失并发生严重后果的,

处 3 年以下的限制自由;或处 4 个月以上 6 个月以下的拘役;或处 3 年以下的剥夺自由,并处或不并处 3 年以下剥夺担任一定职务或从事某种活动的权利。

分则·第十编 反对国家政权的犯罪

第三十章　侵害国家政权、侵害国家公务利益和地方自治机关公务利益的犯罪

第 285 条　滥用职权

1. 公职人员违背公务利益而利用其职权,如果这种行为是出于贪利动机或其他个人利害关系,并严重侵犯公民或组织的权利和合法利益,或者严重损害社会或国家受法律保护的利益的,

处数额为 8 万卢布以下或被判刑人 6 个月以下的工资或其他收入的罚金;或处 5 年以下剥夺担任一定职务或从事某种活动的权利;或处 4 个月以上 6 个月以下的拘役;或处 4 年以下的剥夺自由。

(本款由 2003 年 12 月 8 日第 162 号联邦法律修订)

2. 担任俄罗斯联邦国家职务或俄罗斯联邦各主体国家职务的人员,以及地方自治机关首脑实施上述行为的,

处数额为 10 万卢布以上 30 万卢布以下或被判刑人 1 年以上 2 年以下的工资或其他收入的罚金;或处 7 年以下的剥夺自由,并处或不并处 3 年以下剥夺担任一定职务或从事某种活动的权利。

(本款由 2003 年 12 月 8 日第 162 号联邦法律修订)

3. 本条第 1 款、第 2 款规定的行为,造成严重后果的,

处 10 年以下的剥夺自由,并处 3 年以下剥夺担任一定职务或从事某种活动的权利。

附注:1. 本章各条中的公职人员是指国家机关、地方自治机关、国家机构或地方自治机构中,以及在俄罗斯联邦武装力量、其他军队及军事组织中长期、临时或根据专门授权行使权力机关代表的职能,或行使组织指挥、行政经营职能的人员。

2. 本章各条和本法典其他条款中所说担任俄罗斯联邦国家职务的人员,是指担任俄罗斯联邦宪法、联邦宪法性法律和联邦法律为了直接行使国家机关权力而规定的职务的人员。

3. 本章各条和本法典其他条款中所说担任俄罗斯联邦各主体国家职务的人员,是指担任俄罗斯联邦各主体宪法和章程为直接行使国家机关权力而规定的职务的人员。

4. 国家工作人员和地方自治机关的工作人员,不属于公职人员的,在相应条款有专门规定的情况下,依照本章各条承担刑事责任。

第 285-1 条 不按专项开支预算资金

1. 预算资金取得单位的公职人员开支预算资金的项目,不符合预算、预算一览表、预算拨款通知、收支表或作为取得预算资金根据的其他文件所规定的资金取得条件,并且数额巨大的,

处数额为 10 万卢布以上 30 万卢布以下或被判刑人 1 年以上 2 年以下的工资或其他收入的罚金;或处 4 个月以上 6 个月以下的拘役;或处 2 年以下的剥夺自由,并处或不并处 3 年以下剥夺担任一定职务或从事某种活动的权利。

2. 上述行为,有下列情形之一的:

(1) 有预谋的团伙实施的;

(2) 数额特别巨大的,

处数额为 20 万卢布以上 50 万卢布以下或被判刑人 1 年以上 3 年以下的工资或其他收入的罚金;或处 5 年以下的剥夺自由,并处或不并处 3 年以下剥夺担任一定职务或从事某种活动的权利。

附注:本条以及第 285-2 条中的数额巨大,是指预算资金的数额超过 150 万卢布,而数额特别巨大是指预算资金的数额超过 750 万卢布。

(本条由 2003 年 12 月 8 日第 162 号联邦法律增补)

第 285-2 条 不按专项开支国家非预算基金

1. 公职人员开支国家非预算基金不符合调整基金会活动的俄罗斯联邦立法规定的项目及上述基金会的预算,数额巨大的,

处数额为 10 万卢布以上 30 万卢布以下或被判刑人 1 年以上 2 年以下的工资或其他收入的罚金;或处 4 个月以上 6 个月以下的拘役;或处 2 年以下的剥夺自由,并处或不并处 3 年以下剥夺担任一定职务或从事某种活动的权利。

2. 上述行为,有下列情形之一的:

(1) 有预谋的团伙实施的;

(2) 数额特别巨大的,

处数额为 20 万卢布以上 50 万卢布以下或被判刑人 1 年以上 3 年以下的工资或其他收入的罚金;或处 5 年以下的剥夺自由,并处或不并处 3 年以下剥夺担任一定职务或从事某种活动的权利。

(本条由 2003 年 12 月 8 日第 162 号联邦法律增补)

第 286 条　逾越职权

1. 公职人员明显超越其权限的行为,严重损害公民或组织的权利和合法利益,或严重损害社会或国家受法律保护的利益的,

处数额为 8 万卢布以下或被判刑人 6 个月以下的工资或其他收入的罚金;或处 5 年以下剥夺担任一定职务或从事某种活动的权利;或处 4 个月以上 6 个月以下的拘役;或处 4 年以下的剥夺自由。

(本款由 2003 年 12 月 8 日第 162 号联邦法律修订)

2. 担任俄罗斯联邦的国家职务或俄罗斯联邦各主体国家职务的人员,以及地方自治机关首脑实施上述行为的,

处数额为 10 万卢布以上 30 万卢布以下或被判刑人 1 年以上 2 年以下的工资或其他收入的罚金;或处 7 年以下的剥夺自由,并处或不并处 3 年以下剥夺担任一定职务或从事某种活动的权利。

(本款由 2003 年 12 月 8 日第 162 号联邦法律修订)

3. 实施本条第 1 款、第 2 款规定的行为,有下列情形之一的:

(1) 使用暴力或以使用暴力相威胁的;

(2) 使用武器或专门手段的;

(3) 造成严重后果的,

处 3 年以上 10 年以下的剥夺自由,并处 3 年以下剥夺担任一定职务或从事某种活动的权利。

第 287 条　拒绝向俄罗斯联邦联邦会议或俄罗斯联邦审计署提供信息

1. 非法地拒绝向俄罗斯联邦联邦会议联邦委员会、俄罗斯联邦联邦会议国家杜马或俄罗斯联邦审计署提供信息或逃避提供信息(文件、材料),以及故意提供不完全的或虚假的信息,如果这些行为是负有义务提供此种信息的公职人员实施的,

处数额为 20 万卢布以下或被判刑人 18 个月以下的工资或其他收入的罚金;或处 2 年以上 5 年以下剥夺担任一定职务或从事某种活动的权利;或处 4 个月以上 6 个月以下的拘役;或处 3 年以下的剥夺自由。

(本款由 2003 年 12 月 8 日第 162 号联邦法律修订)

2. 担任俄罗斯联邦国家职务或担任俄罗斯联邦各主体国家职务的人员实施上述行为的,

处数额为 10 万卢布以上 30 万卢布以下或被判刑人 1 年以上 2 年以下的工资或其他收入的罚金;或处 5 年以下的剥夺自由,并处或不并处 3 年以下剥夺担任一定职务或从事某种活动的权利。

(本款由 2003 年 12 月 8 日第 162 号联邦法律修订)

3. 本条第 1 款、第 2 款规定的行为,有下列情形之一的:
(1) 同时掩盖国家权力机关公职人员所实施的违法行为的;
(2) 有预谋的团伙或有组织的集团实施的;
(3) 造成严重后果的,

处 4 年以上 8 年以下的剥夺自由,并处 3 年以下剥夺担任一定职务或从事某种活动的权利。

第 288 条 冒用公职人员的权力

不是公职人员的国家工作人员或地方自治机关工作人员冒用公职人员的权力,并因此实施严重侵犯公民或组织的权利和合法利益的行为的,

处数额为 4 万卢布以下或被判刑人 3 个月以下的工资或其他收入的罚金;或处 120 小时以上 180 小时以下的强制性社会公益劳动;或处 2 年以下的劳动改造;或处 3 个月以下的拘役。

(本条由 2003 年 12 月 8 日第 162 号联邦法律修订)

第 289 条 非法参与经营活动

公职人员违反法律禁止性规定,设立从事经营活动的组织,或者亲自或通过委托人参与此类组织的管理,如果这些行为与向该组织提供优惠和优先权或提供其他形式的庇护有关的,

处 5 年以下剥夺担任一定职务或从事某种活动的权利,并处数额为 8 万卢布以下或被判刑人 6 个月以下的工资或其他收入的罚金;或处 180 小时以上 240 小时以下的强制性社会公益劳动;或处 3 个月以上 6 个月以下的拘役;或处 2 年以下的剥夺自由。

(本条由 2003 年 12 月 8 日第 162 号联邦法律修订)

第 290 条 受贿

1. 公职人员为了行贿人或其被代理人的利益而实施属于其职权范围内的行为(不作为),或公职人员由于职务地位能够促成此种行为(不作为),以及利

用职务之便进行一般庇护或纵容,因而亲自或通过中间人收受金钱、有价证券、其他财产或财产性质的利益等形式的贿赂的,

处数额为 10 万卢布以上 50 万卢布以下或被判刑人 1 年以上 3 年以下的工资或其他收入的罚金;或处 5 年以下的剥夺自由,并处 3 年以下剥夺担任一定职务或从事某种活动的权利。

(本款由 2003 年 12 月 8 日第 162 号联邦法律修订)

2. 公职人员因实施非法行为(不作为)而收受贿赂的,

处 3 年以上 7 年以下的剥夺自由,并处 3 年以下剥夺担任一定职务或从事某种活动的权利。

3. 担任俄罗斯联邦国家职务或担任俄罗斯联邦各主体国家职务的人员以及地方自治机关首脑实施本条第 1 款、第 2 款所规定的行为的,

处 5 年以上 10 年以下的剥夺自由,并处 3 年以下剥夺担任一定职务或从事某种活动的权利。

4. 实施第 1 款、第 2 款、第 3 款规定的行为,有下列情形之一的:

(1) 有预谋的团伙或有组织的集团实施的;

(2)(失效);

(本项由 2003 年 12 月 8 日第 162 号联邦法律删除)

(3) 有索贿情节的;

(4) 数额巨大的,

处 7 年以上 12 年以下的剥夺自由,并处或不并处 100 万卢布以下或被判刑人 5 年以下的工资或其他收入的罚金。

附注:贿赂数额巨大是指金钱、有价证券、其他财产或财产性质的利益的价值超过 15 万卢布。

(附注由 2003 年 12 月 8 日第 162 号联邦法律修订)

第 291 条 行贿

1. 向公职人员本人或通过中间人向公职人员行贿的,

处数额为 20 万卢布以下或被判刑人 18 个月以上的工资或其他收入的罚金;或处 1 年以上 2 年以下的劳动改造;或处 3 个月以上 6 个月以下的拘役;或处 3 年以下的剥夺自由。

(本款由 2003 年 12 月 8 日第 162 号联邦法律修订)

2. 因公职人员实施明知非法的行为(不作为)而对他行贿的,

处数额为 10 万卢布以上 50 万卢布以下或被判刑人 1 年以上 3 年以下的工

资或其他收入的罚金；或处 8 年以下的剥夺自由。

（本款由 2003 年 12 月 8 日第 162 号联邦法律修订）

附注：如果公职人员进行索贿，或行贿人主动向有权提起刑事案件的机关坦白行贿事实的，行贿人免除刑事责任。

第 292 条 伪造文件

伪造文件，即公职人员、以及不是公职人员的国家工作人员或地方自治机关工作人员出于贪利的或其他的个人利害关系将明知是虚假的信息材料记入官方文件，以及对上述文件作歪曲真实内容的修改的，

处数额为 8 万卢布以下或被判刑人 1 个月以上 2 个月以下的工资或其他收入的罚金；或处 180 小时以上 240 小时以下的强制性社会公益劳动；或处 1 年以上 2 年以下的劳动改造；或处 3 个月以上 6 个月以下的拘役；或处 2 年以下的剥夺自由。

（本条由 2003 年 12 月 8 日第 162 号联邦法律修订）

第 293 条 玩忽职守

1. 玩忽职守，即公职人员由于对公务采取不认真或疏忽态度而不履行或不正确履行自己的职责，造成巨大损失的，

处数额为 12 万卢布以下或被判刑人 1 年以下的工资或其他收入的罚金；或处 120 小时以上 180 小时以下的强制性社会公益劳动；或处 6 个月以上 1 年以下的劳动改造；或处 3 个月以下的拘役。

（本款由 2003 年 12 月 8 日第 162 号联邦法律修订）

2. 上述行为，过失造成人员健康严重损害或人员死亡的，

处 5 年以下的剥夺自由，并处或不并处 3 年以下剥夺担任一定职务或从事某种活动的权利。

（本款由 2003 年 12 月 8 日第 162 号联邦法律修订）

3. 本条第 1 款或第 2 款规定的行为，过失造成 2 人以上死亡的，

处 7 年以下的剥夺自由，并处或不并处 3 年以下剥夺担任一定职务或从事某种活动的权利。

（本款由 2003 年 12 月 8 日第 162 号联邦法律增补）

附注：本条中的巨大损失，是指损失的数额超过 10 万卢布。

（本附注由 2003 年 12 月 8 日第 162 号联邦法律增补）

分则·第十编 反对国家政权的犯罪

第三十一章 妨碍司法公正的犯罪

第294条 妨碍进行审判和进行审前调查

1. 为妨碍审判的进行而以任何形式干涉法院活动的,

处数额为20万卢布以下或被判刑人18个月以下的工资或其他收入的罚金;或处3个月以上6个月以下的拘役;或处2年以下的剥夺自由。

(本款由2003年12月8日第162号联邦法律修订)

2. 为妨碍全面、充分和客观地调查案件而以任何形式干涉检察长、侦查员或调查人员的活动的,

处数额为8万卢布以下或被判刑人6个月以下的工资或其他收入的罚金;或处180小时以上240小时以下的强制性社会公益劳动;或处3个月以上6个月以下的拘役。

(本款由2003年12月8日第162号联邦法律修订)

3. 利用自己的职务地位实施本条第1款、第2款所规定的行为的,

处数额为10万卢布以上30万卢布以下或被判刑人1年以上2年以下的工资或其他收入的罚金;或处4年以下的剥夺自由,并处或不并处3年以下剥夺担任一定职务或从事某种活动的权利。

(本款由2003年12月8日第162号联邦法律修订)

第295条 侵害审判人员或审前调查人员的生命

因法官、陪审员或参加审判的其他人员、检察长、侦查员、调查人员、辩护人、鉴定人、专家、法警、法院执行员在法庭审理案件和调查材料或执行法院的刑事判决、民事判决或其他裁判,为了妨碍上述人员的合法活动或对这种活动进行报复而侵害上述人员及其亲属的生命的,

处12年以上20年以下的剥夺自由;或处终身剥夺自由;或处死刑。

（本条由 2003 年 12 月 8 日第 162 号联邦法律、2004 年 7 月 21 日第 73 号联邦法律修订）

第 296 条 对审判人员或审前调查人员采取威胁或暴力行为

1. 因法官、陪审员或其他参加审判的人员在法庭审理案件或调查材料而对上述人员及其亲属以杀害、损害健康、毁灭或损坏财产相威胁的，

处数额为 10 万卢布以上 30 万卢布以下或被判刑人 1 年以上 2 年以下的工资或其他收入的罚金；或处 3 年以下的剥夺自由。

（本款由 2003 年 12 月 8 日第 162 号联邦法律修订）

2. 因检察长、侦查员、调查人员、辩护人、鉴定人、专家、法警、法院执行员进行审前调查、在法庭审理案件或调查材料、执行法院刑事判决、民事判决或其他裁判而对他们及其亲属实施上述行为的，

处数额为 20 万卢布以下或被判刑人 18 个月以下的工资或其他收入的罚金；或处 3 个月以上 6 个月以下的拘役；或处 2 年以下的剥夺自由。

（本款由 2003 年 12 月 8 日第 162 号联邦法律修订）

3. 使用不危及生命和健康的暴力实施本条第 1 款、第 2 款规定的行为的，

处 5 年以下的剥夺自由。

4. 使用危及生命或健康的暴力实施本条第 1 款或第 2 款规定的行为的，

处 5 年以上 10 年以下的剥夺自由。

第 297 条 藐视法庭

1. 藐视法庭，表现为侮辱法庭审理参加人的，

处数额为 8 万卢布以下或被判刑人 6 个月以下的工资或其他收入的罚金；或处 180 小时以上 240 小时以下的强制性社会公益劳动；或处 2 个月以上 4 个月以下的拘役。

（本款由 2003 年 12 月 8 日第 162 号联邦法律修订）

2. 上述行为，表现为侮辱法官、陪审员或其他参加审判的人员的，

处数额为 20 万卢布以下或被判刑人 18 个月以下的工资或其他收入的罚金；或处 1 年以上 2 年以下的劳动改造；或处 4 个月以上 6 个月以下的拘役。

（本款由 2003 年 12 月 8 日第 162 号联邦法律修订）

第 298 条 诽谤法官、陪审员、检察长、侦查员、调查人员、法警、法院执行员

1. 因法官、陪审员或其他参加审判的人员在法庭审理案件、调查材料而诽谤上述人员的，

处数额为 20 万卢布以下或被判刑人 18 个月以下的工资或其他收入的罚

金;或处1年以上2年以下的劳动改造;或处3个月以上6个月以下的拘役;或处2年以下的剥夺自由。

(本款由2003年12月8日第162号联邦法律修订)

2. 因检察长、侦查员、调查人员、法警、法院执行员进行审前调查或执行法院刑事判决、民事判决或其他裁判而对上述人员进行诽谤的,

处数额为8万卢布以下或被判刑人6个月以下的工资或其他收入的罚金;或处2年以下的劳动改造;或处3个月以上6个月以下的拘役;或处2年以下的剥夺自由。

(本款由2003年12月8日第162号联邦法律修订)

3. 实施本条第1款、第2款规定的行为,同时指控上述人员实施严重犯罪或特别严重犯罪的,

处4年以下的剥夺自由。

第299条 对明知无罪的人追究刑事责任

1. 对明知无罪的人追究刑事责任的,

处5年以下的剥夺自由。

2. 实施上述行为,指控无罪的人实施严重犯罪或特别严重犯罪的,

处3年以上10年以下的剥夺自由。

第300条 非法免除刑事责任

检察长、侦查员或调查人员非法免除犯罪嫌疑人或刑事被告人的刑事责任的,

处2年以上7年以下的剥夺自由。

第301条 非法拘捕和非法羁押

1. 故意实施非法拘捕的,

处3年以下的限制自由,或处4个月以上6个月以下的拘役,或处2年以下的剥夺自由,并处或不并处3年以下剥夺担任一定职务或从事某种活动的权利、

2. 故意实施非法羁押的,

处4年以下的剥夺自由。

3. 实施本条第1款、第2款规定的行为,造成严重后果的,

处3年以上8年以下的剥夺自由。

第302条 逼供

1. 侦查员或调查人员采用威胁、恐吓或其他非法行为强迫犯罪嫌疑人、刑事被告人、被害人、证人提供陈述或强迫鉴定人、专家提供鉴定结论的,或者其他人经侦查员或调查人员同意、默许实施上述行为的,

处3年以下的剥夺自由。

(本款由2003年12月8日第162号联邦法律修订)

2. 使用暴力、侮辱或酷刑实施上述行为的,

处2年以上8年以下的剥夺自由。

第303条 制造伪证

1. 民事案件参加人或其代理人制造伪证的,

处数额为10万卢布以上30万卢布以下或被判刑人1年以上2年以下的工资或其他收入的罚金;或处1年以上2年以下的劳动改造;或处2个月以上4个月以下的拘役。

(本款由2003年12月8日第162号联邦法律修订)

2. 调查人员、侦查员、检察长或辩护人制造刑事案件伪证的,

处3年以下的剥夺自由,并处3年以下剥夺担任一定职务或从事某种活动的权利。

3. 在严重犯罪或特别严重犯罪的刑事案件中制造伪证的,以及制造伪证造成严重后果的,

处3年以上7年以下的剥夺自由,并处3年以下剥夺担任一定职务或从事某种活动的权利。

第304条 挑拨贿赂或商业贿买

挑拨贿赂或商业贿买,即不经公职人员或在商业组织或其他组织中行使管理职能的人员本人的同意而向其交付金钱、有价证券、其他财产或提供财产性质的服务,以达到人为制造犯罪证据对上述人员进行恐吓的目的的,

处数额为20万卢布以下或被判刑人18个月以下的工资或其他收入的罚金;或处5年以下的剥夺自由,并处或不并处3年以下剥夺担任一定职务或从事某种活动的权利。

(本条由2003年12月8日第162号联邦法律修订)

第305条 故意作出不公正的刑事判决、民事判决或其他裁判

1. 法官故意作出不公正的刑事判决、民事判决或其他裁判的,

处数额为30万卢布以下或被判刑人2年以下的工资或其他收入的罚金;或处4年以下的剥夺自由。

（本款由 2003 年 12 月 8 日第 162 号联邦法律修订）

2. 实施上述行为，作出剥夺自由的非法判决的，或造成其他严重后果的，

处 3 年以上 10 年以下的剥夺自由。

第 306 条　诬告

1. 诬告他人实施犯罪的，

处数额为 10 万卢布以下或被判刑人 1 年以下的工资或其他收入的罚金；或处 180 小时以上 240 小时以下的强制性社会公益劳动；或处 1 年以上 2 年以下的劳动改造；或处 3 个月以上 6 个月以下的拘役；或处 2 年以下的剥夺自由。

（本款由 2003 年 12 月 8 日第 162 号联邦法律修订）

2. 诬告他人实施严重犯罪或特别严重犯罪的，

处数额为 10 万卢布以上 30 万卢布以下或被判刑人 1 年以上 2 年以下的工资或其他收入的罚金；或处 3 年以下的剥夺自由。

（本款由 2003 年 12 月 8 日第 162 号联邦法律修订）

3. 实施本条第 1 款或第 2 款规定的行为，人为制造指控证据的，

处 6 年以下的剥夺自由。

（本款由 2003 年 12 月 8 日第 162 号联邦法律修订）

第 307 条　故意作虚假陈述、故意提供虚假鉴定结论或故意作不正确翻译

（本条题目由 2003 年 12 月 8 日第 162 号联邦法律修订）

1. 在法庭上或在审前调查中，证人、被害人故意作虚假陈述，或鉴定人、专家故意作虚假鉴定结论，或翻译人员故意作不正确翻译的，

处数额为 8 万卢布以下或被判刑人 6 个月以下的工资或其他收入的罚金；或处 180 小时以上 240 小时以下的强制性社会公益劳动；或处 2 年以下的劳动改造；或处 3 个月以下的拘役。

（本款由 2003 年 12 月 8 日第 162 号联邦法律修订）

2. 实施上述行为，同时指控他人实施严重犯罪或特别严重犯罪的，

处 5 年以下的剥夺自由。

附注：证人、被害人、鉴定人、专家或翻译人员如果在调查、侦查或法庭审理过程中，直至做出刑事判决或民事判决之前，主动坦白所做陈述、鉴定结论是虚假的或所作的翻译是不正确的，免除刑事责任。

（本附注由 2003 年 12 月 8 日第 162 号联邦法律修订）

第 308 条　证人或被害人拒绝作陈述

证人或被害人拒绝作陈述的，

处数额为4万卢布以下或被判刑人3个月以下的工资或其他收入的罚金；或处120小时以上180小时以下的强制性社会公益劳动；或处1年以下的劳动改造；或处3个月以下的拘役。

（本款由2003年12月8日第162号联邦法律修订）

附注：拒绝作对自己、自己的配偶或近亲属不利的陈述的，不负刑事责任。

第309条　收买或强迫他人作陈述、逃避作陈述或作不正确的翻译

1. 收买证人、被害人以使之作虚假陈述，或收买鉴定人、专家以使之作虚假鉴定结论，以及收买翻译人员以使之作不正确的翻译的，

处数额为8万卢布以下或被判刑人6个月以下的工资或其他收入的罚金；或处180小时以上240小时以下的强制性社会公益劳动；或处2年以下的劳动改造；或处3个月以下的拘役。

（本款由2003年12月8日第162号联邦法律修订）

2. 强迫证人、被害人作虚假陈述，强迫鉴定人、专家作虚假鉴定结论或强迫翻译人员作不正确翻译，以及强迫上述人员逃避提供陈述，同时对上述人员及其亲属进行恐吓，以杀害、损害健康、毁灭或损坏财产相威胁的，

处数额为20万卢布以下或被判刑人18个月以下的工资或其他收入的罚金；或处3个月以上6个月以下的拘役；或处3年以下的剥夺自由。

（本款由2003年12月8日第162号联邦法律修订）

3. 使用不危及上述人员生命或健康的暴力实施本条第2款规定的行为的，

处5年以下的剥夺自由。

4. 有组织的集团实施本条第1款或第2款规定的行为，或使用危及上述人员生命和健康的暴力实施上述行为的，

处3年以上7年以下的剥夺自由。

第310条　泄露审前调查材料的内容

依照法律规定的程序被事先告知不得泄露审前调查材料内容的人员，不经侦查员或调查人员的同意，泄露审前调查材料内容的，

（本段由2007年7月24日第214号联邦法律修订，自2007年9月7日起生效）

处数额为8万卢布以下或被判刑人6个月以下的工资或其他收入的罚金；或处2年以下的劳动改造；或处3个月以下的拘役。

（本款由2003年12月8日第162号联邦法律修订）

第 311 条 泄露对法官和刑事诉讼参加者所采取的安全措施

1. 泄露关于对法官、陪审员或其他参加审判的人员、法警、法院执行员、被害人、证人、刑事诉讼的其他参加人及其亲属采取安全措施的信息材料,如果上述行为是因职务活动管理或知悉这些情况的人员实施的,

处数额为 20 万卢布以下或被判刑人 18 个月以下的工资或其他收入的罚金;或处 2 年以下的限制自由;或处 4 个月以下的拘役。

(本款由 2003 年 12 月 8 日第 162 号联邦法律修订)

2. 上述行为造成严重后果的,

处 5 年以下的剥夺自由。

第 312 条 处理被查封、扣押或应没收财产的非法行为①

1. 受委托管理被查封或扣押财产的人员盗用、转让、隐匿或非法移交上述财产的,以及信贷机构工作人员利用扣押的资金(存款)进行银行业务的,

处数额为 8 万卢布以下或被判刑人 6 个月以下的工资或其他收入的罚金;或处 180 小时以上 240 小时以下的强制性社会公益劳动;或处 3 个月以上 6 个月以下的拘役;或处 2 年以下的剥夺自由。

(本款由 2003 年 12 月 8 日第 162 号联邦法律修订)

2. 隐匿、侵吞应依照法院刑事判决予以没收的财产的,以及逃避执行已经发生法律效力的判处没收财产的刑事判决的,

处数额为 10 万卢布以上 50 万卢布以下或被判刑人 1 年以上 3 年以下的工资或其他收入的罚金;或处 3 年以下的剥夺自由,并处数额为 8 万卢布以下或被判刑人 6 个月以下的工资或其他收入的罚金。

(本款由 2003 年 12 月 8 日第 162 号联邦法律修订)

第 313 条 从剥夺自由场所以及从拘役或羁押中脱逃

1. 正在服刑的或在未决期受羁押的人员从剥夺自由场所或从拘役或羁押中脱逃的,

处 3 年以下的剥夺自由。

2. 有预谋的团伙或有组织的集团实施上述行为的,

处 5 年以下的剥夺自由。

(本款由 2003 年 12 月 8 日第 162 号联邦法律修订)

3. 本条第 1 款或第 2 款规定的行为,使用危及生命和健康的暴力或以使用

---

① 原文如此。本条仍然使用刑法修订中已经废止的"没收财产"这一概念。此条中凡涉及没收财产的规定,均应删除。——译者注

这种暴力相威胁实施的,或使用武器或其他物品作为武器实施的,

处8年以下的剥夺自由。

(本款由2003年12月8日第162号联邦法律增补)

第314条　逃避服剥夺自由刑

被判处剥夺自由的人员获准短期离开剥夺自由场所外出,或延期执行判决或延期服刑,而在外出期限或延缓期届满之后不归的,

处2年以下的剥夺自由。

(本条由2001年3月9日第25号联邦法律修订)

第315条　不执行法院的刑事判决、民事判决或其他裁判

权力机关的代表、国家工作人员、地方自治机关工作人员以及国家或自治地方机构的工作人员、商业组织或其他组织的工作人员恶意不执行或妨碍执行已生效的法院刑事判决、民事判决和其他裁判的,

处数额为20万卢布以下或被判刑人18个月以下的工资或其他收入的罚金;或处5年以下剥夺担任一定职务或从事某种活动的权利;或处180小时以上240小时以下的强制性社会公益劳动;或处3个月以上6个月以下的拘役;或处2年以下的剥夺自由。

(本条由2003年12月8日第162号联邦法律修订)

第316条　包庇犯罪

包庇特别严重的犯罪而事先并未许诺的,

处数额为20万卢布以下或被判刑人18个月以下的工资或其他收入的罚金;或处3个月以上6个月以下的拘役;或处2年以下的剥夺自由。

(本条由2003年12月8日第162号联邦法律修订)

附注:包庇配偶或近亲属所实施的犯罪而非事先许诺的,不负刑事责任。

分则·第十编 反对国家政权的犯罪

第三十二章 妨碍管理秩序的犯罪

第 317 条 侵害执法机关工作人员的生命

为妨碍执法机关的工作人员、军人维护社会秩序和保障公共安全的合法活动或为报复这种活动而侵害上述人员及其亲属生命的，

处 12 年以上 20 年以下的剥夺自由；或处终身剥夺自由；或处死刑。

（本条由 2004 年 7 月 21 日第 73 号联邦法律修订）

第 318 条 对权力机关代表使用暴力

1. 因权力机关代表履行自己的职责而对权力机关代表及其亲属使用不危及生命的暴力的，

处数额为 20 万卢布以下或被判刑人 18 个月以下的工资或其他收入的罚金；或处 3 个月以上 6 个月以下的拘役；或处 5 年以下的剥夺自由。

（本款由 2003 年 12 月 8 日第 162 号联邦法律修订）

2. 对本条第 1 款所列人员使用危及生命或健康的暴力的，

处 5 年以上 10 年以下的剥夺自由。

附注：本条及本法典其他条款所指权力机关代表是指执法机关或监察机关的公职人员，以及依照法律规定的程序对无职务从属关系的人享有指挥权限的其他公职人员。

第 319 条 侮辱权力机关代表

在权力机关代表履行职责时，或因其履行职责而对权力机关代表进行公开侮辱的，

处数额为 4 万卢布以下或被判刑人 3 个月以下的工资或其他收入的罚金；或处 120 小时以上 180 小时以下的强制性社会公益劳动；或处 6 个月以上 1 年

以下的劳动改造。

（本条由 2003 年 12 月 8 日第 162 号联邦法律修订）

第 320 条 泄露对执法机关或监察机关的公职人员所采取的安全措施

1. 泄露有关对执法机关或监察机关的公职人员及其亲属所采用安全措施的信息材料，如果是以妨碍其进行职务活动为目的实施的，

处数额为 20 万卢布以下或被判刑人 18 个月以下的工资或其他收入的罚金；或处 4 个月以下的拘役。

（本款由 2003 年 12 月 8 日第 162 号联邦法律修订）

2. 上述行为，造成严重后果的，

处 5 年以下的剥夺自由。

第 321 条 破坏保障与社会隔离的机构的正常活动

1. 为了妨碍被判刑人的改造，或者因被判刑人协助刑事执行机关或机构的行政而对被判刑人进行报复而对被判刑人使用不危及生命或健康的暴力或对被判刑人以使用暴力相威胁的，

处 5 年以下的剥夺自由。

2. 因剥夺自由场所或羁押场所的工作人员进行职务活动而对上述人员或其近亲属实施本条第 1 款所规定的行为的，

处 5 年以下的剥夺自由。

（本款由 2003 年 12 月 8 日第 162 号联邦法律修订）

3. 本条第 1 款、第 2 款规定的行为，如果是有组织的集团实施的，或使用危及生命或健康的暴力实施的，

处 5 年以上 12 年以下的剥夺自由。

（本条由 2001 年 3 月 9 日第 25 号联邦法律修订）

第 322 条 非法穿越俄罗斯联邦国家边界

1. 无出入俄罗斯联邦的有效证件或依照俄罗斯联邦立法规定的程序领取的许可证而穿越俄罗斯联邦国家边界的，

（本段由 2003 年 7 月 4 日第 98 号联邦法律修订）

处数额为 20 万卢布以下或被判刑人 18 个月以下的工资或其他收入的罚金；或处 2 年以下的剥夺自由。

（本款由 2003 年 12 月 8 日第 162 号联邦法律修订）

2. 有预谋的团伙或有组织的集团非法穿越俄罗斯联邦国家边界，或使用暴力或以使用暴力相威胁实施该行为的，

处 5 年以下的剥夺自由。

（本款由 2003 年 7 月 4 日第 98 号联邦法律修订）

附注：本条的效力不及于外国公民或无国籍人依照《俄罗斯联邦宪法》为行使政治避难权而违反穿越俄罗斯联邦国家边界规则抵达俄罗斯联邦的情形，但这些人的行为含有其他犯罪构成的除外。

第 322-1 条　组织非法移民

1. 组织外国公民或无国籍人非法进入俄罗斯联邦或在俄罗斯联邦居留或非法从俄罗斯联邦过境的，

处数额为 20 万卢布以下或被判刑人 18 个月以下的工资或其他收入的罚金；或处 40 小时以上 180 小时以下的强制性社会公益劳动；或处 6 个月以上 1 年以下的劳动改造；或处 2 年以下的剥夺自由。

2. 上述行为，

（1）有组织的集团实施的；

（2）为在俄罗斯联邦境内实施犯罪而实施的，

处 2 年以上 5 年以下的剥夺自由并处或不并处数额为 50 万卢布以下或被判刑人 3 年以下的工资或其他收入的罚金。

（本条由 2004 年 12 月 28 日第 187 号联邦法律修订）

第 323 条　非法变更俄罗斯联邦国家边界

1. 为非法变更俄罗斯联邦国家边界而拆除、移动或毁灭边界标志的，

处 3 年以下的限制自由；或处 3 个月以上 6 个月以下的拘役；或处 2 年以下的剥夺自由。

2. 上述行为，造成严重后果的，

处 4 年以下的剥夺自由。

（本款由 2003 年 12 月 8 日第 162 号联邦法律修订）

第 324 条　非法获得或销售正式文件或国家奖励

非法获得或销售提供权利或免除义务的正式文件，以及非法获得或销售俄罗斯联邦、俄罗斯苏维埃联邦社会主义共和国、苏维埃社会主义共和国联盟的国家奖励的，

处数额为 8 万卢布以下或被判刑人 6 个月以下的工资或其他收入的罚金；或处 1 年以下的劳动改造；或处 3 个月以下的拘役。

（本条由 2003 年 12 月 8 日第 162 号联邦法律修订）

第 325 条 盗窃或毁坏文件、图章、印鉴或者盗窃消费税签、专用标签或防伪标志

（本条题目由 1999 年 7 月 9 日第 158 号联邦法律修订）

1. 出于贪利或其他个人利害关系盗窃、毁灭、损坏或藏匿正式文件、图章、印鉴的，

处数额为 20 万卢布以下或被判刑人 18 个月以下的工资或其他收入的罚金；或处 2 年以下的劳动改造；或处 4 个月以下的拘役；或处 1 年以下的剥夺自由。

（本款由 2003 年 12 月 8 日第 162 号联邦法律修订）

2. 盗窃公民身份证或其他重要身份证件的，

处数额为 8 万卢布以下或被判刑人 6 个月以下的工资或其他收入的罚金；或处 1 年以下的劳动改造；或处 3 个月以下的拘役。

（本款由 2003 年 12 月 8 日第 162 号联邦法律修订）

3. 盗窃消费税签、专用标签或防伪标志的，

处数额为 20 万卢布以下或被判刑人 18 个月以下的工资或其他收入的罚金；或处 2 年以下的剥夺自由。

（本款由 1999 年 7 月 9 日第 158 号联邦法律、2003 年 12 月 8 日第 162 号联邦法律修订）

第 326 条 伪造或毁灭交通工具的识别号码

1. 为使用或销售交通工具而伪造或毁灭交通工具识别号码、车厢号、底盘号、发动机号，以及伪造交通工具的国家注册标志，以及销售明知识别号码、车厢号、底盘号、发动机号系伪造的交通工具，或销售明知国家注册标志系伪造的交通工具的，

处数额为 8 万卢布以下或被判刑人 6 个月以下的工资或其他收入的罚金；或处 1 年以下的劳动改造；或处 2 年以下的限制自由；或处 2 年以下的剥夺自由。

（本款由 2001 年 11 月 17 日第 145 号联邦法律、2003 年 12 月 8 日第 162 号联邦法律修订）

2. 有预谋的团伙或有组织的集团实施上述行为的，

处 2 年以下的劳动改造；或处 3 年以下的限制自由；或处 4 年以下的剥夺自由。

（本款由 2003 年 12 月 8 日第 162 号联邦法律修订）

第 327 条　伪造、制作或销售伪造的文件、国家奖励、图章、印鉴、文书表格

1. 以使用为目的伪造证书或其他提供权利或免除义务的正式文件或者销售这种文件，以及为同样目的伪造俄罗斯联邦、俄罗斯苏维埃联邦社会主义共和国、苏维埃社会主义共和国联盟的国家奖品、图章、印鉴、文书表格的以及进行销售的，

处 3 年以下的限制自由；或处 4 个月以上 6 个月以下的拘役；或处 2 年以下的剥夺自由。

2. 为掩盖其他犯罪或为另一犯罪创造条件而实施上述行为的，

处 4 年以下的剥夺自由。

（本款由 2003 年 12 月 8 日第 162 号联邦法律修订）

3. 使用明知伪造的文件的，

处数额为 8 万卢布以下或被判刑人 6 个月以下的工资或其他收入的罚金；或处 180 小时以上 240 小时以下的强制性社会公益劳动；或处 2 年以下的劳动改造；或处 3 个月以上 6 个月以下的拘役。

（本款由 2003 年 12 月 8 日第 162 号联邦法律修订）

第 327-1 条　伪造消费税签、专用标签或防伪标志以及销售或使用伪造的消费税签、专用标签或防伪标志

1. 以销售为目的伪造消费税签、专用标签或防伪标志以及销售伪造的消费税签、专用标签或防伪标志的，

处数额为 10 万卢布以上 30 万卢布以下或被判刑人 1 年以上 2 年以下的工资或其他收入的罚金；或处 3 年以下的剥夺自由。

（本款由 2003 年 12 月 8 日第 162 号联邦法律修订）

2. 使用明知伪造的消费税签、专用标签或防伪标志的，

处数额为 10 万卢布以上 50 万卢布以下或被判刑人 1 年以上 3 年以下的工资或其他收入的罚金；或处 5 年以下的剥夺自由。

（本款由 2003 年 12 月 8 日第 162 号联邦法律修订）

（本条由 1999 年 7 月 9 日第 158 号联邦法律增补）

第 328 条　逃避服兵役和代替兵役的文职

1. 不具有免于服兵役的合法理由而逃避应征服兵役的，

处数额为 20 万卢布以下或被判刑人 18 个月以下的工资或其他收入的罚金；或处 3 个月以上 6 个月以下的拘役；或处 2 年以下的剥夺自由。

（本款由 2003 年 12 月 8 日第 162 号联邦法律修订）

2. 免于服兵役的人员逃避担任代替兵役的文职的,

处数额为 8 万卢布以下或被判刑人 6 个月以下的工资或其他收入的罚金;或处 180 小时以上 240 小时以下的强制性社会公益劳动;或处 3 个月以上 6 个月以下的拘役。

(本款由 2003 年 12 月 8 日第 162 号联邦法律修订)

第 329 条 亵渎俄罗斯联邦国徽或俄罗斯联邦国旗

亵渎俄罗斯联邦国徽或俄罗斯联邦国旗的,

处 2 年以下的限制自由;或处 3 个月以上 6 个月以下的拘役;或处 1 年以下的剥夺自由。

第 330 条 专擅行为

1. 专擅行为,即违反法律或其他规范性法律文件规定的程序,擅自实施组织或公民对其合法性提出异议的某种行为,如果这种行为已造成重大损害的,

处数额为 8 万卢布以下或被判刑人 6 个月以下的工资或其他收入的罚金;或处 180 小时以上 240 小时以下的强制性社会公益劳动;或处 1 年以上 2 年以下的劳动改造;或处 3 个月以上 6 个月以下的拘役。

(本款由 2003 年 12 月 8 日第 162 号联邦法律修订)

2. 使用暴力或以使用暴力相威胁实施上述行为的,

处 3 年以下的限制自由;或处 4 个月以上 6 个月以下的拘役;或处 5 年以下的剥夺自由。

分则·第十一编 军职罪

第三十三章 军职罪

第331条 军职罪的概念

1. 应征或依照合同在俄罗斯联邦武装力量、俄罗斯联邦其他部队和军事组织中服现役的军人、以及服预备役的公民在军事集训期间,实施本章所规定的违反兵役的规定程序的犯罪,是军职罪。

2. 俄罗斯联邦国防部、俄罗斯联邦其他各部和主管部门所属军事建筑队(部队)的军事建设人员依照本章各条的规定承担刑事责任。

3. 在战争时期或战时环境中实施军职罪的刑事责任,由俄罗斯联邦战争时期的立法规定。

第332条 不执行命令

1. 下属不执行首长按规定程序发布的命令,对服务利益造成重大损害的,

处2年以下的限制军职;或处6个月以下的拘役;或处2年以下的军纪营管束。

2. 团伙、有预谋的团伙或有组织的集团实施上述行为的,或造成严重后果的,

处5年以下的剥夺自由。

3. 由于疏忽或以敷衍塞责的态度对待军务而不执行命令,造成严重后果的,

处1年以下的限制军职;或处3个月以上6个月以下的拘役;或处2年以下的军纪营管束。

第333条 对抗首长或强迫首长违反军事职责

1. 对抗首长以及其他履行所担负军事职责的人员,或强迫他们违反自己的

职责,同时使用暴力或以使用暴力相威胁的,

处 2 年以下的限制军职;或处 2 年以下的军纪营管束;或处 5 年以下的剥夺自由。

2. 实施上述行为,有下列情形之一的:

(1) 团伙、有预谋的团伙或有组织的集团实施的;

(2) 使用武器实施的;

(3) 造成他人健康的严重损害或中等严重损害以及其他严重后果的,

处 3 年以上 8 年以下的剥夺自由。

第 334 条　对首长实施暴力行为

1. 在首长履行军事职责时,或因首长履行这些职责而对首长进行殴打或使用其他暴力的,

处 2 年以下的限制军职;或处 2 年以下的军纪营管束;或处 5 年以下的剥夺自由。

2. 上述行为,有下列情形之一的:

(1) 团伙、有预谋的团伙或有组织的集团实施的;

(2) 使用武器实施的;

(3) 造成严重损害健康或中等严重损害健康或者其他严重后果的,

处 3 年以上 8 年以下的剥夺自由。

第 335 条　彼此无从属关系的军人违反相互关系条令规则

1. 彼此无隶属关系的军人以损害名誉和人格或侮辱被害人等方式或者使用暴力违反相互关系条令规则的,

处 2 年以下的军纪营管束;或处 3 年以下的剥夺自由。

2. 实施上述行为,有下列情形之一的:

(1)（失效）;

(本项由 2003 年 12 月 8 日第 162 号联邦法律删除)

(2) 对 2 人以上实施的;

(3) 团伙、有预谋的团伙或有组织的集团实施的;

(4) 使用武器实施的;

(5) 造成他人健康中等严重损害的,

处 5 年以下的剥夺自由。

3. 本条第 1 款、第 2 款规定的行为,造成严重后果的,

处 10 年以下的剥夺自由。

第 336 条　侮辱军人

1. 军人在另一名军人履行军事职责时,或因另一名军人履行军事职责而对之进行侮辱的,

处 6 个月以下的限制军职;或处 6 个月以下的军纪营管束。

2. 在对方履行军事职责时,或因对方履行军事职责,下属侮辱首长以及首长侮辱下属的,

处 1 年以下的限制军职;或处 1 年以下的军纪营管束。

第 337 条　擅离部队或服役地点

1. 应征服兵役的军人擅离部队或服役地点,以及在解职、任命、调动、出差、休假或治疗期满后无正当理由超过 2 昼夜不超过 10 昼夜不报到的,

处 6 个月以下的拘役;或处 1 年以下的军纪营管束。

2. 正在服军纪营管束刑的军人实施上述行为的,

处 2 年以下的剥夺自由。

3. 应征或依照合同服兵役的军人擅离部队或服役地点,以及无正当理由超过 10 昼夜不超过 1 个月不报到的,

处 2 年以下的限制军职;或处 2 年以下的军纪营管束;或处 3 年以下的剥夺自由。

4. 实施本条第 3 款所规定的行为,时间超过 1 个月的,

处 5 年以下的剥夺自由。

附注:军人初次实施本条所规定行为的,如果擅离部队是由于各种困难情况交迫的结果,可免除刑事责任。

第 338 条　脱逃

1. 脱逃,即为逃避服兵役而擅离部队或服役地点,以及为同样目的不报到的,

处 7 年以下的剥夺自由。

2. 携带执行军务的武器脱逃,以及有预谋的团伙或有组织的集团实施脱逃的,

处 3 年以上 10 年以下的剥夺自由。

附注:初次实施本条第 1 款规定的脱逃罪的军人,如果是由于困难情况的交迫而发生,则可以免除刑事责任。

第 339 条　装病或以其他方式逃避履行兵役义务

1. 军人以装病、自伤(自残肢体)、伪造文件或其他欺骗手段逃避履行兵役

义务的，

处1年以下的限制军职；或处6个月以下的拘役；或处1年以下的军纪营管束。

2．为彻底免除履行兵役义务而实施上述行为的，

处7年以下的剥夺自由。

第340条　违反战斗值勤规则

1．违反及时发现并及时反击对俄罗斯联邦的突然侵犯或保障国家安全的战斗值勤（战斗勤务）规则，如果这种行为对国家安全利益已经或可能造成损害的，

处2年以下的限制军职；或处2年以下的军纪营管束；或处5年以下的剥夺自由。

2．上述行为，造成严重后果的，

处10年以下的剥夺自由。

3．由于疏忽或以敷衍塞责的态度对待战斗值勤（战斗勤务）规则而违反这些规则，造成严重后果的，

处2年以下的限制军职；或处2年以下的军纪营管束；或处3年以下的剥夺自由。

第341条　违反边防执勤规则

1．边防勤务队成员或履行边防勤务其他职责的人员，违反边防勤务规则，对国家安全利益已经或可能造成损害的，

处2年以下的限制军职；或处2年以下的军纪营管束；或处3年以下的剥夺自由。

2．上述行为，造成严重后果的，

处5年以下的剥夺自由。

3．由于疏忽或以敷衍塞责的态度对待边防勤务规则而违反这些规则，造成严重后果的，

处2年以下的限制军职；或处2年以下的军纪营管束；或处2年以下的剥夺自由。

第342条　违反警卫勤务条令规则

1．警卫（门岗值班）勤务人员违反警卫（门岗值班）勤务条令规则，致使警卫（门岗值班）保护客体受到损害的，

处2年以下的限制军职；或处6个月以下的拘役；或处2年以下的军纪营管

束;或处 2 年以下的剥夺自由。

2. 上述行为,造成严重后果的,

处 3 年以下的剥夺自由。

3. 由于疏忽或以敷衍塞责的态度对待警卫(门岗值班)勤务条令规则而违反这些规则,造成严重后果的,

处 1 年以下的剥夺自由。

第 343 条 违反维护社会秩序和保障公共安全的勤务规则

1. 维护社会秩序和保障公共安全的勤务人员违反勤务规则,如果该行为对公民的权利和合法利益造成损害的,

处 2 年以下的限制军职;或处 6 个月以下的拘役;或处 2 年以下的军纪营管束;或处 2 年以下的剥夺自由。

2. 上述行为造成严重后果的,

处 5 年以下的剥夺自由。

(本款由 2003 年 12 月 8 日第 162 号联邦法律修订)

第 344 条 违反内勤和卫戍部队巡逻的条令规则

昼夜值勤队的人员(警卫和门岗除外)违反内勤的条令规则,以及巡逻执勤队人员违反卫戍部队巡逻的条令规则,如果这些行为造成严重后果的,

处 2 年以下的限制军职;或处 6 个月以下的拘役;或处 2 年以下的军纪营管束。

第 345 条 放弃正在沉没的军舰

指挥员未彻底履行自己的职责,以及军舰官兵在没有得到指挥员相应命令的情况下,放弃正在沉没的军舰的,

处 2 年以下的限制军职;或处 2 年以下的军纪营管束;或处 5 年以下的剥夺自由。

第 346 条 故意毁灭或损坏军用物资

1. 故意毁灭或损坏武器、弹药或军事技术设备的,

处数额为 8 万卢布以下或被判刑人 6 个月以下的工资或其他收入的罚金;或处 2 年以下的限制军职;或处 3 个月以下的拘役;或处 2 年以下的军纪营管束;或处 2 年以下的剥夺自由。

(本款由 2003 年 12 月 8 日第 162 号联邦法律修订)

2. 上述行为,造成严重后果的,

处 5 年以下的剥夺自由。

第 347 条　过失毁灭或损坏军用物资

过失毁灭或损坏武器、弹药或军事技术设备,造成严重后果的,

处数额为 20 万卢布以下或被判刑人 18 个月以下的工资或其他收入的罚金;或处 2 年以下的限制军职;或处 6 个月以下的拘役;或处 2 年以下的军纪营管束;或处 2 年以下的剥夺自由。

(本条由 2003 年 12 月 8 日第 162 号联邦法律修订)

第 348 条　遗失军用物资

违反公务专用武器、弹药或军事技术设备保管规则而过失造成其遗失的,

处数额为 8 万卢布以下或被判刑人 6 个月以下的工资或其他收入的罚金;或处 2 年以下的限制军职;或处 6 个月以下的拘役;或处 2 年以下的军纪营管束;或处 2 年以下的剥夺自由。

(本款由 1998 年 6 月 25 日第 92 号联邦法律、2003 年 12 月 8 日第 162 号联邦法律修订)

第 349 条　违反武器和对周围人群有高度危险物品的管理规则

1. 违反武器、弹药、放射性材料、爆炸物品和其他对周围人群有高度危险的物质与物品的管理规则,如果因过失造成人员健康的严重损害、军事技术设备毁灭或其他严重后果的,

处 2 年以下的限制军职;或处 2 年以下的军纪营管束。

(本款由 2004 年 7 月 21 日第 73 号联邦法律修订)

2. 上述行为,过失致人死亡的,

处 5 年以下的剥夺自由。

3. 本条第 1 款规定的行为,过失造成 2 人以上死亡的,

处 10 年以下的剥夺自由。

第 350 条　违反车辆驾驶或使用规则

1. 违反战斗用、专用或运输用车辆驾驶或使用规则,过失造成人员健康严重损害的,

处 4 个月以上 6 个月以下的拘役;或处 2 年以下的军纪营管束;或处 2 年以下的剥夺自由,并处或不并处 2 年以下剥夺担任一定职务或从事某种活动的权利。

(本款由 2004 年 7 月 21 日第 73 号联邦法律修订)

2. 上述行为,过失致人死亡的,

处 5 年以下的剥夺自由,并处或不并处 3 年以下剥夺担任一定职务或从事某种活动的权利。

(本款由 2003 年 12 月 8 日第 162 号联邦法律修订)

3. 本条第 1 款规定的行为,过失造成 2 人以上死亡的,

处 7 年以下的剥夺自由。

(本款由 2003 年 12 月 8 日第 162 号联邦法律修订)

第 351 条 违反飞行规则或飞行准备规则

违反军用飞行器飞行规则、飞行准备规则或其他使用规则,过失造成人员死亡或其他严重后果的,

处 7 年以下的剥夺自由。

(本条由 2003 年 12 月 8 日第 162 号联邦法律修订)

第 352 条 违反舰艇驾驶规则

违反军舰驾驶或使用规则,过失造成人员死亡或其他严重后果的,

处 7 年以下的剥夺自由。

(本条由 2003 年 12 月 8 日第 162 号联邦法律修订)

分则·第十二编破坏人类和平和安全的犯罪

第三十四章 破坏人类和平和安全的犯罪

第353条 策划、准备、发动或进行侵略战争

1. 策划、准备或发动侵略战争的，

处7年以上15年以下的剥夺自由。

2. 进行侵略战争的，

处10年以上20年以下的剥夺自由。

第354条 公开号召发动侵略战争

1、公开号召发动侵略战争的，

处数额为30万卢布以下或被判刑人2年以下的工资或其他收入的罚金；或处3年以下的剥夺自由。

（本款由2003年12月8日第162号联邦法律修订）

2. 担任俄罗斯联邦国家职务或担任俄罗斯联邦各主体国家职务的人员利用大众信息媒体实施上述行为的，

处数额为10万卢布以上50万卢布以下或被判刑人1年以上3年以下的工资或其他收入的罚金；或处5年以下的剥夺自由，并处3年以下剥夺担任一定职务或从事某种活动的权利。

（本款由2003年12月8日第162号联邦法律修订）

第355条 研制、生产、积存、购买或销售大规模杀伤性武器

研制、生产、积存、购买或销售化学武器、生物武器、毒素武器以及俄罗斯联邦签署的国际条约所禁止的其他种类大规模杀伤性武器的，

处5年以上10年以下的剥夺自由。

（本条由2001年7月19日第84号联邦法律修订）

第 356 条 使用禁止的战争手段和方法

1. 虐待战俘或平民,驱逐平民,掠夺占领区的国家财产,在武装冲突中使用俄罗斯联邦签署国际条约所禁止使用的手段和方法的,

处 20 年以下的剥夺自由。

2. 使用俄罗斯联邦签署国际条约所禁止使用的大规模杀伤性武器的,

处 10 年以上 20 年以下的剥夺自由。

第 357 条 种族灭绝

对某一民族、人种、种族或宗教集团的成员采取杀害、严重损害健康、暴力阻止生育、强迫转移儿童、暴力迁徙居民或以其他方式制造从肉体上灭绝这个集团成员的生活条件,从而达到全部或局部灭绝该集团之目的的行为,

处 12 年以上 20 年以下的剥夺自由;或处终身剥夺自由;或处死刑。

(本条由 2003 年 12 月 8 日第 162 号联邦法律、2004 年 7 月 21 日第 73 号联邦法律修订)

第 358 条 生态灭绝

大规模毁灭植物界或动物界,毒化大气或水资源,以及实施其他可能引起生态浩劫的行为的,

处 12 年以上 20 年以下的剥夺自由。

第 359 条 雇佣军队

1. 招募、训练雇佣军,为雇佣军提供资金或其他物资保障,以及在武装冲突或军事行动中利用雇佣军的,

处 4 年以上 8 年以下的剥夺自由。

2. 利用自己的职务地位实施上述行为的,或对未成年人实施上述行为的,

处 7 年以上 15 年以下的剥夺自由,并处或不并处数额为 50 万卢布以下或被判刑人 3 年以下的工资或其他收入的罚金。

(本款由 2003 年 12 月 8 日第 162 号联邦法律修订)

3. 雇佣军人参加武装冲突或军事行动的,

处 3 年以上 7 年以下的剥夺自由。

附注:雇佣军人是指以获得物质报酬为目的参加军事行动,但不是武装冲突或军事行动参加国的公民、不在该国境内经常居住的人员,以及不是接受派遣履行官方职责的人员。

第 360 条 袭击受国际保护的人员或机构

1. 袭击受国际保护的外国国家代表或国际组织工作人员，以及袭击受国际保护人员的办公馆舍、私人寓所或交通工具的，

处 5 年以下的剥夺自由。

2. 为了挑动战争或使国际关系复杂化而实施上述行为的，

处 3 年以上 7 年以下的剥夺自由。

（本条由 2003 年 12 月 8 日第 162 号联邦法律修订）

莫斯科　克里姆林宫　　俄罗斯联邦总统
1996 年 6 月 13 日　　　Б.叶利钦
联法第 63 号